Hallo

Bertelsmann

Wer macht das Licht im Kühlschrank an?

Antworten für kleine Nachfrager

Projektleitung: Anke Braun
Autoren: Antje Kleinelümern-Depping, Ingrid Peia
Redaktion: Eva Abraham
Illustrationen: Petra Dorkenwald, München;
SCHINKEL Medien & Design, Berlin
Bildredaktion: Sonja Rudowicz
Layout: Anke Eickholt
Satz: Siegfried Matschke
Einbandgestaltung: FaktorZwo/ Bielefeld
Einbandfotos: Kühlschrank: Elextrolux-Zanussi, Frankfurt,
Flugzeug: shutterstock.com/ Elena Elisseeva,
Piratenkinder: istockphoto.com/ RichVintage,
Hamster: shutterstock.com/ Carmen Steiner
Herstellung: Astrid Warkus

Die in diesem Buch gewählten Schreibweisen folgen dem Werk »WAHRIG – Die deutsche Rechtschreibung« sowie den Empfehlungen der WAHRIG-Redaktion. Weitere Informationen unter www.wahrig.de

ISBN: 978-3-577-07661-6

www.lexikoninstitut.de

Bertelsmann

Wer macht das Licht im Kühlschrank an?

Antworten für kleine Nachfrager

Bertelsmann JUNIOR

Inhalt

Mensch und Körper

Tiere und Pflanzen

Welltall und Erde

Wissenschaft und Technik

Kurioses aus dem Alltag

Geschichte und Religion

Knochen

Wie viele Knochen habe ich?

Unser Körper besteht aus harten und weichen Teilen. Das kannst du auch von außen spüren. Die harten Teile sind die Knochen. Sie verleihen dem Körper Halt und schützen ihn. Alle Knochen zusammen nennt man Knochengerüst oder Skelett. Bei Erwachsenen besteht das Skelett aus etwa 206 Knochen.

Abrakadabra – wo sind die Knochen hin?

Kleine Babys haben sogar über 300 Knochen. Das Skelett eines Babys besteht nicht aus Knochen, sondern überwiegend aus weichem Knorpel. Beim Heranwachsen beginnt der Knorpel zu verknöchern. Dabei wächst er teilweise zusammen. Aus mehreren Knorpelteilen wird so ein festes Knochenstück.

Wusstest du,

- dass du den Unterschied zwischen harten und weichen Körperteilen hören kannst? Klopf dich nur einmal ab!
- dass Sport und Kalzium deine Knochen stark machen und sie dann nicht so schnell brechen?
- dass die kleinsten Knochen die winzigen Gehörknöchelchen im Ohr sind?
- dass die meisten deiner Knochen in deinen Händen und Füßen sind?

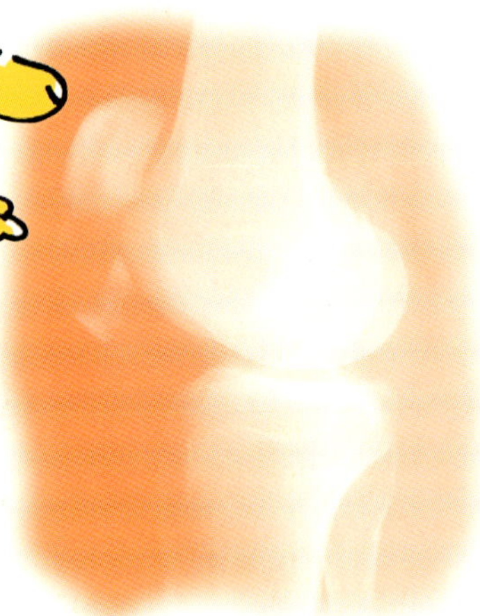

Die meisten Knochen sind durch Gelenke verbunden.

Und wenn ich mir den Arm breche?

Knochen können auch brechen, zum Beispiel wenn du beim Sport böse hinfällst. Doch normalerweise wachsen Knochen wieder zusammen. An der Bruchstelle wachsen neue Knochenzellen. Diese spannen sich dann wie eine kleine Brücke über die Lücke. Manche Brüche müssen operiert werden. Doch bei vielen Brüchen reicht es, wenn sie in einem Gipsverband ruhig gestellt werden. Nach etwa drei bis sechs Wochen ist der Knochenbruch dann meist wieder verheilt.

Haut & Haare

Wusstest du,

- dass die Haut das größte Organ des Menschen ist?
- dass die Haut von Kindern dünner und empfindlicher ist als die von Erwachsenen?
- dass Blonde die meisten Haare auf dem Kopf haben?
- dass jeder bis zu 100 Haare am Tag verliert?
- dass schon bevor man geboren wird, Haare und Nägel wachsen?

Warum wird die Haut in der Sonne braun?

Wenn Sonnenstrahlen auf unsere Haut treffen, bildet sie einen dunklen Hautfarbstoff, das Melanin. Die Haut wird braun. Sie versucht sich so vor der Sonne zu schützen. Die Sonnenstrahlen können jetzt nicht so tief in die Haut eindringen. Denn zu viel Sonne schadet der Haut.

Warum bekommt man eine Gänsehaut?

Unzählige winzige Haare bedecken fast unsere ganze Haut. Normalerweise liegen sie glatt an. Doch wenn du dich fürchtest oder frierst, stehen sie von der Haut ab. Das ist möglich, weil jedes Haar einen Haaraufstellermuskel besitzt, der nun angespannt wird. Die Haut sieht jetzt aus wie die einer gerupften Gans.

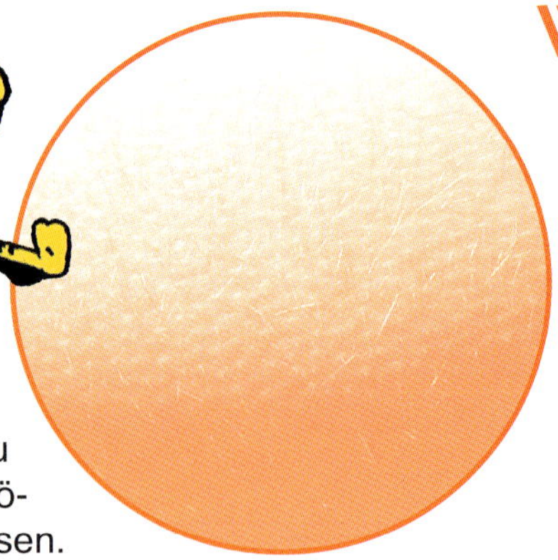

Gänsehaut bekommst du auch bei schönen Erlebnissen.

Wieso tut Haare schneiden nicht weh?

Haare bestehen wie Finger- und Fußnägel aus Horn. Sie enthalten weder Blutgefäße noch Nerven. So ist es zwar meist ziemlich langweilig beim Friseur – doch weh tut das Haareschneiden nicht. Ein Mensch trägt durchschnittlich 100.000 Haare auf dem Kopf. Diese wachsen ununterbrochen. Wenn sie zu lang sind, fallen sie aus. Da das aber einige Jahre dauert, sollten die Haare besser ab und an geschnitten werden. Damit du auch weiterhin den Durchblick hast!

Mund & Zähne

Wie viele Zähne habe ich?

Kinder haben zuerst das Milchgebiss mit 20 Zähnen: 8 Schneide-, 4 Eck- und 8 Backenzähne. Wenn sie etwa 6 Jahre alt sind, fallen die Milchzähne aus. In den Lücken wachsen nun die Zähne des »Erwachsenengebisses« nach. Dieses bleibende Gebiss umfasst 32 Zähne: 8 Schneide-, 4 Eck- und 20 Backenzähne.

Wie kommt das Loch in den Zahn?

Nach jedem Essen bleiben kleine Reste an den Zähnen hängen. Hier bilden sich schnell schädliche Bakterien. Diese können den Zahn angreifen und sogar zerstören. Doch wenn du regelmäßig deine Zähne putzt, dürftest du auch keine Karies – so heißen die Löcher in den Zähnen – bekommen.

Wusstest du,

- dass Kinder zweimal täglich ihre Zähne putzen sollten – nach dem Frühstück und vor dem Schlafengehen?
- dass die letzten Backenzähne auch Weisheitszähne genannt werden? Sie kommen meist erst nach 17 Jahren – wenn man schon ziemlich weise ist!
- dass man ohne Zähne nicht verständlich sprechen kann?
- dass unser Körper jeden Tag über 1 Liter Spucke herstellt?

Damit dir das Wasser im Mund zusammenläuft, reicht es schon, nur an etwas besonders Leckeres zu denken!

Warum habe ich so viel Spucke im Mund?

Spucke (oder Speichel) wird in den Speicheldrüsen in der Mundhöhle gebildet. Pfui Spucke? Von wegen! Spucke hat viele wichtige Aufgaben. Sie macht trockenes Essen feucht, damit wir es besser schlucken können. Außerdem leitet sie die Verdauung ein. Damit hilft sie dem Magen bei der Arbeit. Spucke spült auch Speisereste aus kleinen Ritzen und legt sich wie ein Film um unsere Zähne. So schützt sie die Zähne und das Zahnfleisch. Da bleibt dir glatt die Spucke weg?!

SPORT
LINE

Auge, Ohr & Nase

Warum sitzt meine Nase im Gesicht?

Durch die Nase atmen wir nicht nur ein und aus, wir nehmen mit ihr auch Gerüche wahr. Deine Nase und dein Geruchssinn warnen dich vor verdorbenen Speisen oder vor einem Brand. Das kann die Nase aber nur, wenn sie ungehindert riechen kann. Darum sitzt sie weit oben am Körper an einer unbedeckten Stelle.

Wieso habe ich eine Nase, aber zwei Ohren?

Wir haben zwei Ohren, zwei Augen, Nase und Mund. Wir haben zwei Augen, weil wir sonst nicht räumlich sehen könnten. Wir wüssten dann nicht, wie weit ein Gegenstand von uns entfernt ist. Nur weil wir zwei Ohren haben, können wir räumlich hören und somit die Richtung feststellen, aus der ein Geräusch kommt.

Wusstest du,

- dass das menschliche Auge drei verschiedene Farben erkennt: Rot, Blau und Grün? Alle anderen Farben werden durch Mischung aus diesen drei Grundfarben erzeugt.
- dass du deine Nasenspitze sehen kannst, wenn du richtig schön schielst?
- dass die Ohrmuschel wie ein Trichter die Geräusche aus deiner Umwelt aufnimmt und sie über den Gehörgang zum Trommelfell weiterleitet?

Jede Ohrmuschel sieht anders aus. Sie ist genauso einzigartig wie ein Fingerabdruck.

Warum kann ich nicht mit den Ohren wackeln?

Ob Laufen, Treppensteigen oder Mit-den-Ohren-Wackeln: Es sind die Muskeln, die uns jede noch so kleine Bewegung ermöglichen. Doch Muskeln verkümmern, wenn sie nicht regelmäßig trainiert werden. Früher konnten die Menschen ihre Ohren bewegen. Seitdem sie aber nicht mehr in der Wildnis leben und sich vor wilden Tieren in Acht nehmen müssen, ist das nicht mehr notwendig. Darum haben sich die Ohrenmuskeln zurückgebildet. Da hilft nur eines: üben, üben, üben!

Guess
Overalls

Blut

Warum ist Blut rot?

Die roten Blutkörperchen machen das Blut rot. Von diesen hat der Mensch unglaublich viele: etwa 25 Billionen! In den roten Blutkörperchen ist Eisen. Und dieser Stoff, der auch einen verrosteten Nagel rötlich färbt, ist für die Farbe des Blutes verantwortlich. Ohne das Eisen würde Blut aussehen wie Milch.

Warum bekomme ich blaue Flecken?

Das Blut fließt durch Blutgefäße, die man Adern nennt. Wenn du dich irgendwo stößt, platzen an dieser Stelle winzig kleine Adern. Unter deiner Haut bildet sich dann ein »Blutsee«: der blaue Fleck. Der ist aber nur am Anfang blau. Nach ein paar Tagen wird er gelblich grün, weil sich der Blutfarbstoff langsam abbaut.

Wusstest du,

- dass Tintenfische und Hummer bläuliches Blut haben? Sie haben statt Eisen Kupfer im Blut.
- dass Erwachsene 5 bis 6 Liter und Kinder etwa 3 Liter Blut in ihrem Körper haben?
- dass es Bluter gibt? Menschen mit dieser Krankheit können schon an ganz kleinen Wunden verbluten.
- dass man Blut spenden kann? Das kann anderen Menschen das Leben retten.

Wozu habe ich überhaupt Blut?

Blut ist überall in unserem Körper. Pausenlos wird es vom Herzen bis hoch in den Kopf und hinab in die kleinen Zehen gepumpt. Diesen Reiseweg nennt man Blutkreislauf. Blut hat viele Aufgaben: Es kämpft als Körperpolizei gegen Bakterien, Viren und Würmer. Es verschließt kleine Wunden und arbeitet als Klimaanlage, denn es wärmt oder kühlt den Körper. Außerdem transportiert Blut lebenswichtige Nährstoffe und bringt Sauerstoff von der Lunge in alle Teile deines Körpers.

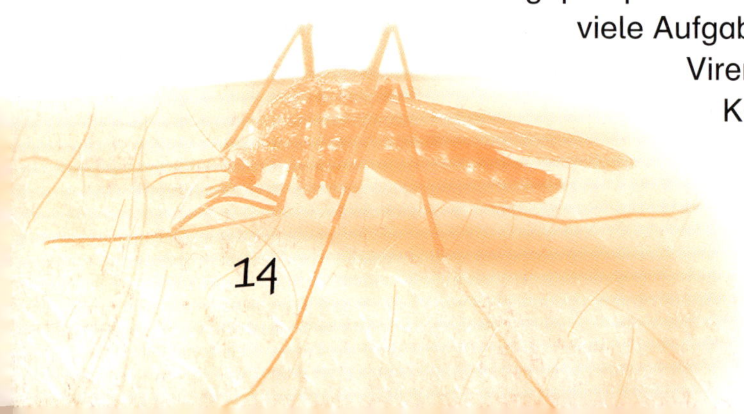

Blutsauger wie die Mücke können gefährliche Krankheiten übertragen.

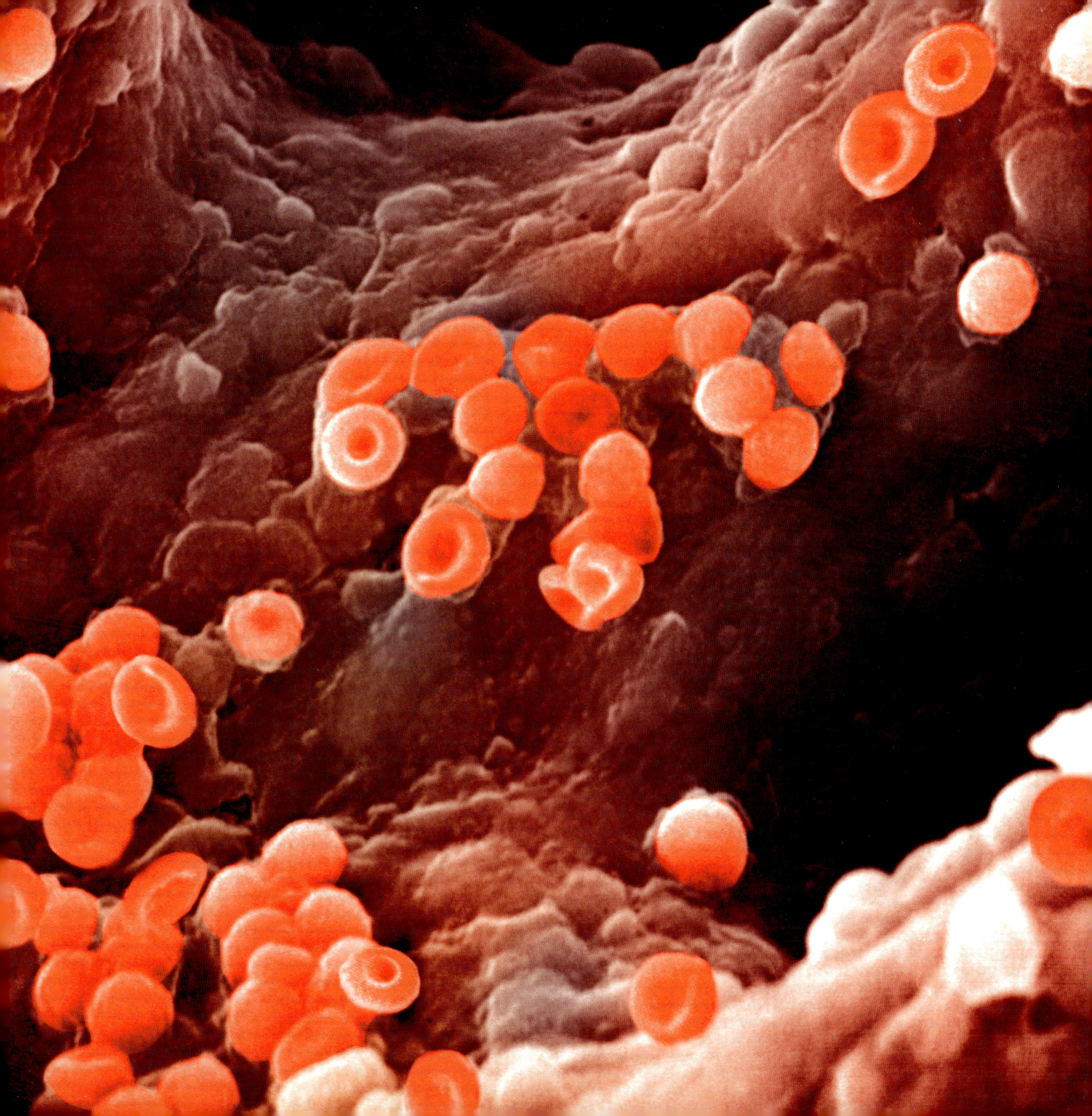

Körperphänomene

Warum ist Pipi gelb?

Egal was du trinkst: Am Ende ist alles gelb! Das liegt daran, dass dein Körper etwa den Kakao nicht als Kakao ausscheidet. Wertvolle Stoffe behält er. Nur der Rest kommt mit dem Pipi – oder Urin, wie es richtig heißt – wieder heraus. Seine Farbe erhält Urin durch Farbstoffe aus der Galle. Wo die Galle ist? In deinem Bauch!

Und was kann laufen und hat keine Beine?

Das ist die Nase! Richtig laufen kann sie natürlich nicht, denn sie ist ja festgewachsen. Aber wenn du erkältet bist, läuft sehr viel »Schnodder« aus deiner Nase. Dieser Schleim wird in der Nase gebildet. Damit will die Nase die fiesen Krankheitserreger fortspülen.

Wusstest du,

- dass die Farbe des Urins nicht immer gleich ist? Trinkst du zu wenig, ist der Urin dunkler als normal. Trinkst du dagegen besonders viel, ist er hellgelb.
- dass in deiner Nase viele kleine Härchen sind, die den Nasenschleim zurückhalten, damit er nicht ständig läuft?
- dass die Nase bei großer Kälte auch ohne Schnupfen läuft?
- dass man Pupser auch Winde nennt?

Manche Pupser stinken wie faule Eier!

Warum stinken manche Pupser so?

Manche Pupser riechen gar nicht. Andere sind dagegen wahre Stinkbomben! Sie bestehen nicht nur aus verschluckter Luft, sondern auch aus vielen übel riechenden Gasen. Diese haben sich bei der Verdauung gebildet. Besonders viele stinkige Pupser gibst du von dir, wenn du zum Beispiel Kohl, Bohnen, Erbsen oder frisches Brot gegessen hast. Diese Speisen sind schwer verdaulich. Da solltest du zum Pupsen doch lieber auf die Toilette gehen!

Verdauung

Warum knurrt mein Magen?

In den Wänden vom Magen sind Muskeln, die durch ihre Bewegungen den Essensbrei kräftig durchkneten. Das geschieht nicht nur bei vollem Magen. Wenn dein Magen leer ist, befindet sich dort Luft und Flüssigkeit, die durch diese Muskeln bewegt werden. Darum knurrt und gluckert es manchmal in deinem Bauch.

Wieso kann ich nicht das Essen bestimmen?

Etwa jeden Tag nur Pommes oder Nudeln? Da würde es dir nach einiger Zeit ganz schön schlecht gehen. Denn ein Mensch braucht verschiedene Nährstoffe, um gesund und fit zu bleiben: zum Beispiel Kohlenhydrate, Eiweiß, Fett, Vitamine und Mineralstoffe. Besonders Obst und Gemüse solltest du reichlich essen!

Wusstest du,

- dass man sterben muss, wenn man nichts mehr isst?
- dass ein Mensch etwa neun Monate seines Lebens auf der Toilette verbringt?
- dass der Darm mehrere Meter lang ist? Damit er in den Bauch passt, liegt er in vielen Schlingen übereinander.
- dass bei dünnen Menschen das Magenknurren lauter ist als bei dicken? Das Fettpolster dämpft die Geräusche etwas.

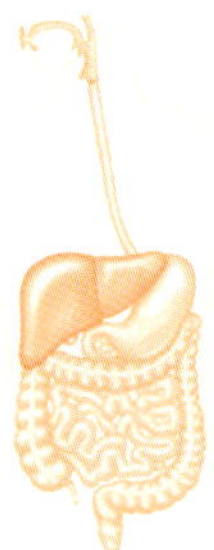

Es kann Tage dauern, bis das Essen seine Reise durch den Körper beendet hat.

Hokuspokus – wo ist mein Essen hin?

Vom Mund rutscht das zerkaute Essen durch die Speiseröhre in den Magen. Hier wird daraus ein dünner Brei. Dieser Essensbrei fließt dann in den Darm, wo die Teile aus ihm, die unser Körper braucht, herausgefiltert werden. Über das Blut werden sie an den ganzen Körper abgegeben. Was nicht verdaut werden kann, wandert durch den Dickdarm in den Mastdarm bis zum After. Durch den After (Po) scheiden wir die Überreste unseres Essens aus.

Körpergeräusche

Warum ist Rülpsen peinlich?

Wenn du beim Essen und Trinken ganz viel Luft schluckst, kann ein Rülpser entstehen. Babys sollen sogar nach einer Mahlzeit ein »Bäuerchen« machen. Sie werden dafür auch noch gelobt! Bei Älteren gilt das dagegen als unanständig. Besser, du stößt nur ganz leise und mit geschlossenem Mund auf.

Wie geht mein Schluckauf wieder weg?

Ein Schluckauf kann ganz schön lästig werden! Meist hört er aber genauso plötzlich wieder auf, wie er begonnen hat. Oft verschwindet er, wenn man einfach gar nicht mehr an ihn denkt. Es kann auch helfen, die Luft anzuhalten oder sich zu überlegen, was man vorgestern so alles gegessen hat.

Wusstest du,

- dass besonders viel Luft in deinen Bauch kommt, wenn du hastig isst oder Getränke mit Kohlensäure trinkst?
- dass bei einem Rülpser Luft durch die Speiseröhre nach oben steigt? Der Luftstrom bringt die Stimmbänder zum Schwingen. Und da ist er, der »Ööörp«.
- dass Pupsen ganz normal ist? Acht bis zehn Pupser muss jeder Mensch pro Tag loswerden.

Wenn du zu schnell trinkst, kannst du einen lästigen Schluckauf bekommen.

Warum pupst man?

Beim Essen und Trinken schluckst du auch Luft hinunter. Diese Luft muss wieder raus aus deinem Körper. Ist die Luft noch im Magen, kommt sie über die Speiseröhre als Rülpser heraus. Der Rest der geschluckten Luft sammelt sich im Darm und vermischt sich mit Gasen, die während der Verdauung entstehen. Kann dein Schließmuskel am Po diese Luft nicht zurückhalten, musst du … pupsen. Aber nicht vor den anderen!

Schlaf & Träume

Ist Gähnen wirklich ansteckend?

Wenn man müde ist, arbeitet das Herz schwächer und alle Organe werden schlechter mit Sauerstoff versorgt. Dann gibt das Gehirn den Befehl zum Gähnen: Einmal tief Luft holen! So kommt wieder mehr Sauerstoff in den Körper und damit auch ins Gehirn. Und ob Gähnen ansteckend ist, kannst du nun selber testen!

Muss man überhaupt schlafen?

Immer wenn es am schönsten ist, muss man schlafen gehen. Ist doch wirklich ungerecht! Doch bedenke: Schlafen ist lebensnotwendig. Im Schlaf erholen sich Körper und Gehirn. Zu wenig Schlaf macht Menschen krank. Und Kinder brauchen mehr Schlaf als Erwachsene, damit sie wachsen und lernen können.

Wusstest du,

- dass die meisten Träume nur wenige Minuten dauern?
- dass wahrscheinlich auch Tiere träumen? Manchmal bewegen etwa Katzen ihre Pfoten im Schlaf so, als würden sie Mäuse jagen.
- dass wir etwa ein Drittel unseres Lebens verschlafen?
- dass es Menschen gibt, die nachts schlafend durch die Gegend irren? Man nennt sie Schlafwandler.

Die Indianer hängen Traumfänger auf, um die schlechten Träume zu fangen.

Wie kommen die Monster in meinen Traum?

Träume sind für unsere Gesundheit sehr wichtig. Sie helfen uns, Probleme zu lösen, Eindrücke und Stress besser zu verarbeiten. Es gibt wunderschöne, aber auch ganz schreckliche Träume, sogenannte Albträume. Dann träumt man zum Beispiel von Monstern, traurigen Situationen oder wilden Verfolgungsjagden. Oft sind Kummer, Schulstress, Probleme mit den Eltern oder Krankheiten Gründe für Albträume. Wenn du häufig Albträume hast, brauchst du unbedingt Hilfe!

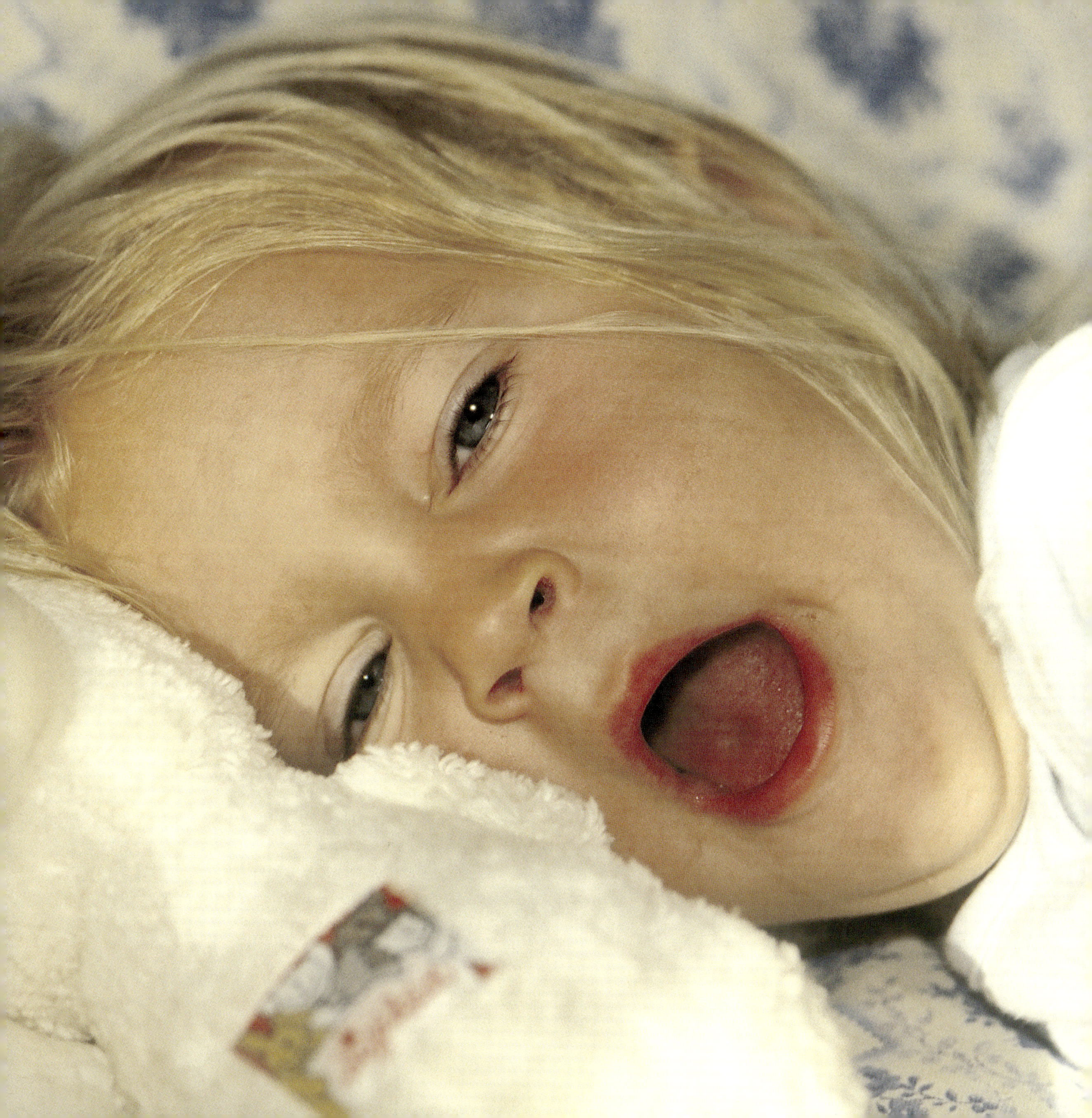

Schnarchen

Warum schnarcht man?

Um die wilden Tiere zu vertreiben? Nein! Schnarcher haben meist verengte Atemwege. Dadurch wird ihnen das Atemholen im Schlaf erschwert. Liegen sie beim Schlafen auf dem Rücken und Atmen durch den geöffneten Mund, schwingt der Gaumen. So entsteht das typische Schnarchgeräusch.

Warum werden Schnarcher von ihrem Schnarchen nicht wach?

Schläft man nicht sehr tief, kann man sich selbst noch hören. Dann kann man von seinem eigenen Schnarchen wach werden. Viele Menschen schnarchen aber im Tiefschlaf. In dieser Phase schläft man tief und fest. Fast nichts kann einen wecken.

Wusstest du,

- dass ältere Menschen häufiger schnarchen als jüngere?
- dass Schnarchen so laut wie ein Presslufthammer sein kann?
- dass es Schlaflabore gibt? Hier können Schnarcher ihren Schlaf von Schlafforschern genau untersuchen lassen.
- dass das Gaumensegel tagsüber verhindert, dass beim Essen Nahrung oder Flüssigkeit in die Nase gelangt?

Bist du erkältet und kannst nicht durch die Nase atmen, schnarchst du im Schlaf.

Schnarchen auch Kinder oder nur Papas?

Sehr viele Menschen schnarchen. Das sind aber vor allem Männer und Frauen. Doch ab und zu schnarchen auch Kinder. Meist sind sie dann erkältet oder haben vergrößerte Mandeln. Das Schnarchen hört auf, wenn sie wieder gesund sind. Bei Erwachsenen stört Schnarchen nicht nur, es kann auch gefährlich sein. Denn beim Schnarchen kann die Atmung aussetzen. Schnarchen Männer oder Frauen regelmäßig, sollten sie sich von einem Hals-Nasen-Ohren-Arzt untersuchen lassen.

Geschmackssache

Macht sauer lustig?

Beißt du in eine Zitrone, machen sich wahrscheinlich die anderen über dich lustig. Weil du dann eine tolle Grimasse ziehst! Was ist also dran an dem Sprichwort? Sauer macht Lust auf Essen, weil dir davon das Wasser im Mund zusammenläuft. Früher meinte das Wort »lustig« eher »gelüstig« (Lust auf mehr).

Warum schmeckt Schokolade süß?

Unsere Zunge hat viele kleine Erhöhungen, die Geschmacksknospen. Mit ihnen können wir vier Geschmacksrichtungen unterscheiden: süß, salzig, sauer und bitter. Die Zungenspitze ist besonders empfindsam für süß. Salzig und sauer wird von den Zungenrändern und bitter vom hinteren Zungenteil erkannt.

Wusstest du,

- dass man sie »Geschmacksknospen« nennt, weil sie unter dem Mikroskop wie kleine Knospen aussehen?
- dass auch mit zugehaltener Nase alles nach nichts schmeckt?
- dass viele Früchte süß oder sauer sind? Salzige Früchte gibt es nicht.
- dass sich der Bittergeschmack entwickelt hat, um uns vor giftiger Nahrung zu warnen?

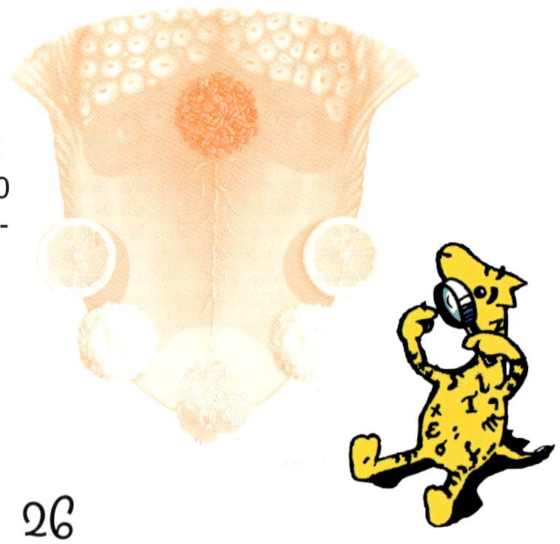

Auf der Zunge sind über 10.000 winzige Geschmacksknospen verteilt.

Warum habe ich so eine Lust auf Süßigkeiten?

Nicht nur Kinder lieben Süßigkeiten, auch die meisten Erwachsenen. »Süß« ist ein besonders angenehmer Geschmack im Mund. Unsere Vorliebe für »süß« gilt als angeboren. Bereits die Muttermilch schmeckt etwas süßlich. Doch so lecker sie auch sind: In Süßigkeiten sind keine Vitamine, Mineralstoffe und Ballaststoffe, die dein Körper braucht. Stattdessen enthalten sie meist viel Zucker und Fett. Beides macht dick und der Zucker ist zudem schlecht für deine Zähne.

Kitzeln

Warum kann ich mich nicht selber kitzeln?

Die Überraschung fehlt! Kitzeln ist nur lustig, wenn es unerwartet kommt. Wenn du dich selber kitzelst, berechnet dein Gehirn schon im Voraus den Zeitpunkt dieser Berührung. Und es kitzelt nicht. Das ist auch gut so. Denn sonst kämst du bei jeder flüchtigen Berührung aus dem Lachen gar nicht mehr heraus.

Sind alle Menschen kitzelig?

Manche fangen schon an zu lachen, wenn man nur so tut, als ob man sie gleich kitzeln wird. Andere sind dagegen sehr viel weniger kitzelig. Ein bisschen kitzelig sind aber alle Menschen. Es ist überlebenswichtig, dass die Haut fremde Berührungen meldet. Denn vielleicht kitzelt uns ja eine giftige Schlange am Bein!

Wusstest du,

- dass wir meist nur kitzelig sind, wenn wir den Menschen, der uns kitzelt, auch mögen?
- dass wir vor allem an den Stellen kitzelig sind, an denen wir leicht verletzlich sind: unter den Achseln, an den Fußsohlen und am Bauch?
- dass kitzelige Eltern oft auch kitzelige Kinder haben?
- dass bei einem Lachanfall fast 300 verschiedene Muskeln beteiligt sind?

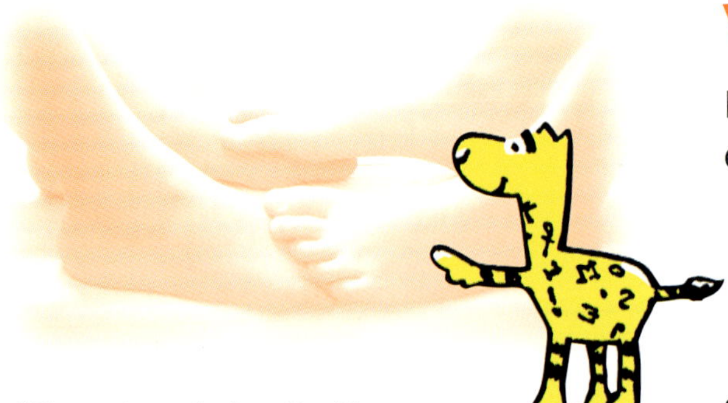

Wenn du auf eine Berührung vorbereitet bist, kitzelt es nicht.

Warum bin ich gerade unter den Füßen so kitzelig?

Hier sind die meisten Menschen besonders kitzelig. Das liegt daran, dass von den Füßen sehr viele Nervenbahnen ins Gehirn laufen. Diese Nervenbahnen funktionieren ähnlich wie eine Telefonleitung und melden jede kleinste Berührung. Auch in den Fingern enden besonders viele Nervenbahnen. Doch weil die Hände jeden Tag unzählig viele Dinge berühren, sind sie nicht so empfindlich wie die Fußsohlen. Würdest du häufiger barfuß gehen, wären deine Füße auch nicht mehr so schön kitzelig.

Schmerzen

Wusstest du,

- dass du seltener einen Muskelkater bekommst, wenn du regelmäßig Sport treibst?
- dass unser Körper starke Schmerzen nicht so schnell wieder vergisst?
- dass man eine Wunde erst ein paar Minuten ausbluten lassen sollte, bevor man ein Pflaster draufklebt?
- dass man Schorf nicht abkratzen soll? Das kann hässliche Narben geben!

Wieso kennen Indianer keinen Schmerz?

Wer hat diesen Satz nicht schon einmal gehört. Aber er stimmt gar nicht! Natürlich kennen Indianer auch Schmerzen. Und das ist auch gut so, denn Schmerzen sind ganz wichtig. Wenn du dich zum Beispiel am Bein verletzt, schlägt die Haut an dieser Stelle Alarm. Und schützt das Bein damit vor weiteren Wunden.

Kann der Muskelkater auch schnurren?

Nein, der tut nur weh! Und er zeigt dir an, dass du deine Muskeln überanstrengt hast. Das passiert zum Beispiel, wenn du im Winter nach langer Zeit mal wieder Ski läufst. Deine Muskeln kennen diese Bewegungen nicht mehr und schmerzen am nächsten Morgen. Nach wenigen Tagen verschwindet dieser Kater.

Bunte Pflaster lassen die Wunde nicht schneller heilen, sehen aber schön aus!

Wieso blutet mein Knie, wenn ich hinfalle?

Blut ist ein richtiger Alleskönnersaft. Wenn du beim Klettern aufs Knie fällst und blutest, reinigt das Blut die Wunde. Allmählich wird das Blut dickflüssig und trocknet ein: Es gerinnt. Auf diese Weise verschließt das Blut die Wunde. Dein Knie hört auf zu bluten. Das geronnene Blut wird nun ganz hart und bildet eine Kruste, den Schorf. Darunter wächst neue Haut. Sobald die Wunde richtig verheilt ist, fällt der Schorf ab und alles ist wieder gut. Bis zum nächsten Sturz!

Weinen & Lachen

Wieso weint man beim Zwiebelschneiden?

Zwiebeln enthalten besondere Öle, die beim Zerschneiden entweichen und einem in die Augen spritzen. Diese Öle reizen unsere Schleimhäute und lassen die Augen tränen. Was kann man dagegen tun? Man kann Zwiebeln zum Beispiel unter fließendem Wasser schneiden oder einfach eine Taucherbrille aufsetzen!

Warum schmecken Tränen salzig?

Tränen schmecken salzig, weil in der Tränenflüssigkeit tatsächlich ganz kleine Mengen von Salz enthalten sind. Weißt du eigentlich, dass man Tränen nicht nur zum Weinen braucht? Wir haben immer Tränen in den Augen. Die Tränenflüssigkeit reinigt das Auge und schützt es vor dem Austrocknen.

Wusstest du,

- dass durch das Schlagen der Augenlider die Tränenflüssigkeit gleichmäßig verteilt wird?
- dass nicht nur Zwiebeln, sondern auch Meerrettich, Knoblauch, Porree und Bärlauch schwefelhaltige Öle enthalten?
- dass uns die Fähigkeit zu lachen angeboren ist?
- dass man manchmal auch über sich selbst lachen kann?
- dass Lachen ansteckend ist?

Beim Zwiebelschneiden steigen einem ganz schnell Tränen in die Augen!

Ist Lachen wirklich gesund?

Ja, Lachen ist wirklich gesund. Es stärkt zum Beispiel unsere Abwehrkräfte, hilft gegen Stress und lenkt von Schmerzen ab. Und Lachen ist »entwaffnend«. Wissenschaftler glauben, dass das Lachen entstand, als die Menschen noch in Stämmen lebten. Es sollte zeigen: »Das sieht jetzt vielleicht bedrohlich aus, ist es aber nicht.« Wer gemeinsam lacht, der bekämpft sich nicht. Auch heute noch dient Lachen oft der Beschwichtigung. Hast du heute schon gelacht?

Mädchen & Jungen

Warum gibt es Mädchen und Jungen?

Es muss Mädchen und Jungen geben, damit später neues Leben entstehen kann. Denn aus Mädchen werden Frauen und aus Jungen Männer. Und wenn eine Frau und ein Mann sich sehr lieb haben, wenn sie Geschlechtsverkehr (Sex) miteinander haben, kann ein Baby entstehen.

Dürfen Mädchen auch mit Autos spielen?

Jungs spielen am liebsten mit Puppen. Mädchen verkleiden sich gerne als Ritter oder spielen mit Autos. Umgekehrt? Alles Quatsch! Jedes Kind darf damit spielen, worauf es gerade Lust hat. Es gibt kein Spielzeug, das nur für Mädchen oder nur für Jungs ist! Probier einfach alles aus!

Wusstest du,

- dass es Mädchen in vielen Ländern schlechter haben als Jungs? Nicht alle Mädchen können zum Beispiel regelmäßig zur Schule gehen.
- dass viele Jungs in ihrer Freizeit am liebsten vor dem Computer sitzen? Mädchen lesen lieber Bücher.
- dass es weltberühmte männliche Balletttänzer gibt?
- dass auch Mädchen Fußball spielen können?

Gefühle sind weder männlich noch weiblich.

Warum kriegen Mädchen einen Busen?

Schon von Geburt an sehen Mädchen und Jungen unterschiedlich aus: Mädchen haben eine Scheide, Jungen einen Penis. Wenn sie erwachsen werden, bilden sich noch weitere Unterschiede heraus. So fangen mit Beginn der Pubertät, etwa ab dem 10. Lebensjahr, bei Mädchen die Brüste an zu wachsen. Dafür sorgen weibliche Geschlechtshormone. Jungen haben männliche Geschlechtshormone. Sie bekommen einen Bart und eine tiefere Stimme.

Geburt

Wo wohnt das Baby vor der Geburt?

Vor der Geburt »wohnt« das Baby im Bauch der Mutter. Es befindet sich in ihrer Gebärmutter. Die Gebärmutter ist ein Muskel. Sie hat die Größe einer kleinen Birne und ist sehr dehnbar. Hier wächst das Baby neun Monate lang. Je größer es wird, desto größer wird auch die Gebärmutter und der Bauch der Mutter.

Wie isst das Baby im Bauch der Mutter?

In der Gebärmutter ist das Baby über die Nabelschnur mit der Mutter verbunden. Durch dieses »Verbindungskabel« wird es mit allem versorgt, was es braucht: Sauerstoff und Nährstoffe. Nach der Geburt wird die Nabelschnur durchtrennt. Das Baby braucht sie nicht mehr, denn es kann ja jetzt aus Mamas Brust trinken.

Wusstest du,

- dass viele Babys im Bauch der Mutter mit der Nabelschnur auch spielen?
- dass ein Baby im Bauch der Mutter manchmal am Daumen nuckelt, hustet, niest und ab und an sogar Schluckauf hat?
- dass ein Kind die Stimme seiner Mama schon aus dem Bauch kennt?
- dass an der Stelle, wo die Nabelschnur war, der Bauchnabel entsteht?

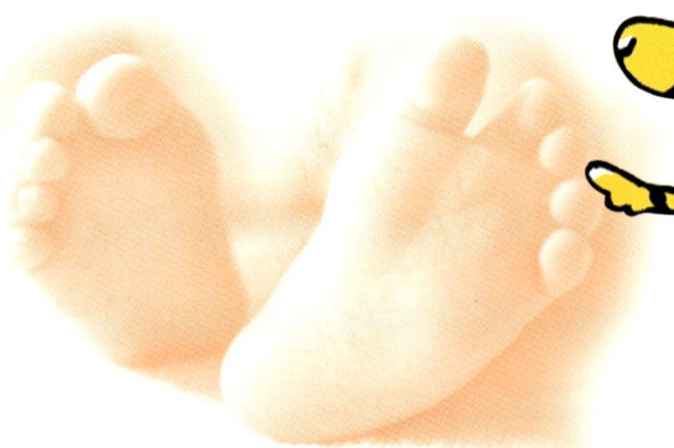

Babys sind am Anfang ziemlich langweilig: Sie können noch nichts und schlafen fast nur.

Wie kommt das Baby aus dem Bauch raus?

Bei der Geburt bahnt sich das Baby durch die Scheide der Frau den Weg nach draußen. Weil die Scheide sich sehr weit dehnen kann, passt es durch diese Öffnung hindurch. Fast alle Babys kommen mit dem Kopf voran auf die Welt. Heute werden bei uns die meisten Babys in einem Krankenhaus geboren. Die Geburt findet dann im Kreißsaal statt. Manchmal kann ein Baby nicht auf natürlichem Weg zur Welt kommen. Dann müssen die Ärzte das Kind holen. Diese Operation nennt man Kaiserschnitt.

Pflanzen

Wusstest du,

- dass es Pflanzen schon auf der Erde gab, lange bevor Menschen dort lebten?
- dass die australische Wasserlinse die kleinste Blütenpflanze ist? Sie ist kleiner als der Punkt am Ende dieses Satzes.
- dass du Wildpflanzen niemals pflücken solltest? Viele sind vom Aussterben bedroht.
- dass es Pflanzen gibt, die richtig schlecht riechen? Zum Beispiel der Stinkende Gänsefuß.

Sind Pflanzen lebendig?

Auch Pflanzen sind Lebewesen. Sie wachsen, drehen sich zum Licht, vermehren sich und nehmen Nahrung und Sauerstoff auf. Pflanzen können auch krank werden, zum Beispiel wenn die Luft stark verschmutzt ist oder wenn sie zu wenig Wasser bekommen. Manche glauben sogar, dass Pflanzen fühlen können.

Warum haben Pflanzen Blüten?

Die Blüten dienen der Fortpflanzung. In den Blüten entstehen nämlich Samen. Und aus diesen Samen wachsen später die neuen Pflanzen. Es gibt aber auch Pflanzen, die keine Blüten haben, zum Beispiel Farne oder Moose. Diese Pflanzen vermehren sich durch winzige Sporen, die vom Wind verbreitet werden.

Fressen fleischfressende Pflanzen auch Menschen?

Einem Menschen können fleischfressende Pflanzen nichts anhaben. Fliegen, Ameisen, Spinnen oder auch größere Insekten wie Schaben sollten sich dagegen besser in Acht nehmen! Mit ihrem Duft locken die Pflanzen ihre Beute an. Einige haben trichterförmige Blätter, in die das Insekt dann hineinstürzen, aber nicht wieder herausklettern kann. Andere schnappen blitzschnell zu, wenn sie berührt werden. Mit Verdauungssäften lösen sie ihre Beute auf.

Die Venusfalle schnappt zu, wenn eine Fliege in sie hineinkriecht.

Blätter

Wozu haben Bäume Blätter?

Blätter sind für einen Baum sehr wichtig. Wie eine kleine Fabrik sorgen sie dafür, dass der Baum immer genug Nährstoffe zum Leben hat. Das in Blättern enthaltene Blattgrün kann nämlich aus Wasser, Sonnenlicht und dem in unserer Luft enthaltenem Gas Kohlendioxid Traubenzucker und Sauerstoff herstellen.

Warum verfärben sich Blätter im Herbst?

Im Herbst werden die Tage kürzer und kälter. Der Baum spürt das und zieht alle wichtigen Stoffe aus den Blättern ab. Dazu gehört auch das Blattgrün. Übrig bleiben nur die Stoffe, die der Baum nicht zum Leben benötigt, zum Beispiel die roten und gelben Farbstoffe. Die färben die Blätter nun schön bunt.

Wusstest du,

- dass Nadelbäume ihre Blätter nicht verlieren? Sie haben robustere Blätter, die den Winter überstehen können.
- dass die Art und Weise, wie Pflanzen ihre Nahrung bilden, Photosynthese genannt wird?
- dass es ein Tier gibt, das aussieht wie ein wandelndes Blatt und auch noch so heißt?
- dass ein Grashalm süß schmeckt, wenn du auf ihm kaust?

So sieht ein Blatt unter dem Mikroskop aus.

Wieso fallen im Herbst die Blätter von den Bäumen?

Der Baum ist im Herbst in wunderschönen Rot-, Gelb- und Orangetönen gefärbt. Doch die bunte Farbenpracht hält nicht lange. Die Tage werden kürzer und es fällt weniger Sonnenlicht auf die Blätter. Der Baum hat nun weniger Zeit, genügend Nährstoffe in seinen Blättern zu produzieren. Er muss von den Vorräten leben, die er im Frühjahr und Sommer produziert hat. Das ist ziemlich anstrengend. Darum wirft er die Blätter ab und ruht sich bis zum Frühling aus.

Hunde

Wusstest du,

- dass der Hund vom Wolf abstammt?
- dass Hunde zu den ältesten Haustieren des Menschen gehören?
- dass du niemals einen fremden Hund streicheln solltest? Frag immer erst den Besitzer, ob der Hund das auch mag.
- dass manche Hunde echte Lebenshelfer sind? Sie helfen blinden Menschen oder spüren Lawinenopfer auf.

Warum wedeln Hunde mit dem Schwanz?

Hunde bellen, knurren, heulen, fiepen. Und Hunde sprechen mit ihrem ganzen Körper. Mit ihrer Körperhaltung teilen sie dir mit, wie sie sich fühlen. Viele Hunde freuen sich, wenn sie mit dem Schwanz wedeln. Manche Hunde wedeln auch mit der Rute, wenn sie aufgeregt sind oder nicht wissen, was sie tun sollen.

Wieso beißen Hunde?

Wenn du einem Hund wehtust, kann er nicht sagen: »Hör auf!« Er kann dich nur anknurren oder zubeißen. Viele Hunde werden sehr böse, wenn sie Angst haben. Andere verteidigen durch Beißen ihr Futter oder ihr Revier. Manche wurden auch falsch erzogen. Nähere dich niemals einem böse knurrenden Hund!

Hunde können viel besser riechen und hören als ein Mensch.

Warum mögen Hunde so gerne Knochen?

Hunde sind Fleischfresser. Um ihr Gebiss gesund und kräftig zu erhalten, müssen sie viel beißen und nagen. Indem sie auf Knochen herumkauen, pflegen sie ihre Zähne. In Knochen sind zudem wichtige Mineralstoffe wie Kalzium. Gerne vergraben Hunde ihren Knochen. So haben sie einen kleinen Vorrat und kein anderes Tier kann ihnen den Schatz wegnehmen. Sind sie dann wieder hungrig, buddeln sie den Knochen aus, schütteln die Erde ab und verspeisen ihn genüsslich.

Katzen

Können Katzen auch im Dunkeln sehen?

Katzen können wirklich bei (fast) jedem Licht sehen. Ihre Pupillen sind verstellbar und passen sich automatisch an die Lichtstärke an. Im Dunkeln weiten sich die Pupillen zu einem Kreis. So kann besonders viel Licht in die Augen eindringen. Nur wenn es vollkommen dunkel ist, sieht auch eine Katze nichts mehr.

Warum machen Katzen einen Buckel?

Sieht eine Katze einen Hund oder eine fremde Katze, so krümmt sie häufig ihren Rücken zum Buckel. Auf diese Weise versucht sie, sich größer zu machen und das andere Tier zu beeindrucken. Um besonders mächtig zu wirken, wendet sie dem Gegner noch ihre Breitseite zu und faucht laut und furchterregend.

Wusstest du,

- dass Katzen gar keine Katzenwäsche betreiben? Sie putzen sich immer ganz gründlich.
- dass viele Menschen allergisch gegen Katzenhaare sind? Sie müssen niesen und ihre Augen jucken und tränen, wenn sie sie berühren.
- dass Kater (Katzenmännchen) – genauso wie Hunde – ihr Revier mit Urin markieren?
- dass die Augen von Katzen im Dunkeln leuchten?

Katzenaugen können auch nachts gut sehen.

Stimmt es, dass Katzen immer auf die Pfoten fallen?

Katzen sind wahre Kletterkünstler. Sie haben einen sehr guten Gleichgewichtssinn. Dennoch passiert es auch ihnen schon mal, dass sie den Halt verlieren. Beim Fallen behalten sie ihre Augen offen und drehen sich dann blitzschnell vom Rücken auf den Bauch. Ihren langen Schwanz benutzen sie dabei als Steuer und als Bremse. So landen sie fast immer sicher und sanft auf ihren vier Pfoten. Diese Fähigkeit, sich im freien Fall zu drehen, nennt man Stellreflex.

Meerschweinchen

Sind Meerschweinchen kleine Schweine?

Meerschweinchen sind keine Schweine, sondern Nagetiere. Ihren Namen tragen sie nur, weil sie Geräusche wie junge Schweine machen. Meerschweinchen haben kurze Beine und einen großen Kopf. Die langen Tasthaare im Gesicht dienen zur Orientierung. Am bekanntesten sind die Glatthaar-Meerschweinchen. Ihr kurzes, glattes Fell ist sehr pflegeleicht.

Warum knabbern Meerschweinchen?

Meerschweinchen haben lange, scharfe Nagezähne, die ständig nachwachsen. Damit sie ihre Zähne abnutzen und Platz für die nächsten machen können, brauchen Meerschweinchen viel zum Knabbern, beispielsweise Zweige von ungespritzten Bäumen.

Wusstest du,

- dass Meerschweinchen und Kaninchen Rudeltiere sind?
- dass sich Meerschweinchen bei Gefahr tot stellen?
- dass sich Meerschweinchen durch Pfeiflaute und Quietschen miteinander verständigen?
- dass Meerschweinchen bei sehr guter Pflege und guter Gesundheit 10 Jahre oder auch noch älter werden können?

Meerschweinchen sehen richtig niedlich aus.

Lebt das Meerschweinchen eigentlich im Meer?

Die meisten Meerschweinchen mögen es gar nicht, wenn ihr Fell nass wird. Und wie Schweine sehen sie eigentlich auch nicht aus! Wie sind sie nur zu ihrem merkwürdigen Namen gekommen? Ganz einfach: Sie kamen über das Meer zu uns. Spanische Seefahrer brachten die Meerschweinchen von Südamerika nach Europa. Und die Laute der Meerschweinchen erinnern an die der Schweine. Sie können nämlich auch ganz herrlich quieken und grunzen.

Kaninchen

Wusstest du,

- dass Kaninchen ihre Ohren einzeln bewegen können? So hören sie gleichzeitig nach vorne und nach hinten.
- dass man Kaninchen und Meerschweinchen zusammen halten kann? Aber nur, wenn es mehrere sind.
- dass Kaninchen kleiner sind als Hasen und kürzere Hinterbeine und Ohren haben?
- dass Kaninchen bis zu 30 Junge im Jahr bekommen?

Wachsen Kaninchenzähne ständig nach?

Kaninchen sind immerzu am Knabbern. Sie fressen gerne Heu, Kräuter und Wurzeln. Sie kauen ihr Futter nicht wie Menschen, sondern sie zermahlen es durch seitliche Bewegungen der Kiefer. Dadurch werden ihre Zähne ständig abgerieben. Das ist aber nicht schlimm, denn die Zähne wachsen immer wieder nach.

Können Kaninchen sprechen?

Kaninchen können zwar nicht reden, aber sie beherrschen die Sprache der Gesten und Laute. Sie können schnüffeln, grunzen und fiepen. Wälzen sie sich auf dem Rücken, fühlen sie sich wohl. Stampfen sie dagegen mit den Hinterläufen, sind sie wütend. Haben Kaninchen Angst, trommeln sie mit ihren Pfoten.

Kaninchen werden schnell zutraulich, wenn du dich mit ihnen beschäftigst.

Kuscheln Kaninchen gerne?

Kaninchen sind sehr gesellige Tiere und leben in richtigen Großfamilien zusammen. Sie kuscheln gerne miteinander, lecken sich gegenseitig oder stupsen ihren Partner mit der Schnauze. Mir ihren langen Stehohren, dem niedlichen Stupsnäschen und dem weichen Fell möchte man sie am liebsten immer kuscheln und knuddeln. Wenn man sie vorsichtig aufnimmt und behutsam streichelt und krault, freuen sie sich darüber.

Pferde

Sind Ponys die Kinder vom Pferd?

Pferdekinder heißen Fohlen. Ponys sind eine besonders kleine Pferderasse. Die Größe eines Pferdes wird als Stockmaß angegeben. Ponys haben ein Stockmaß von bis zu 120 Zentimetern. Gemessen wird diese Größe vom Fuß bis zum höchsten Punkt des Rückens, dem Widerrist.

Warum reitet man mit Sattel?

Ein Sattel gibt dem Reiter einen besseren Halt auf dem Pferderücken. Außerdem wird das Gewicht des Reiters gleichmäßiger auf dem Pferderücken verteilt. Das ist für das Pferd dann viel angenehmer. Ein Sattel muss aber richtig passen. Schlecht sitzende Sattel können einem Pferd große Schmerzen zufügen.

Wusstest du,

- dass man je nach Temperament und Körperbau zwei große Gruppen unterscheidet: die Warm- und die Kaltblutpferde?
- dass auch Pferde Freundschaften schließen? Eine gute Freundschaft zwischen Pferden hält ein Pferdeleben lang.
- dass ein gefundenes Hufeisen Glück bringen soll?
- dass Pferde Pflanzenfresser sind? Sie fressen vor allem Heu und Gras.

Es tut dem Pferd nicht weh, wenn es ein Hufeisen bekommt.

Schläft ein Pferd im Liegen oder Stehen?

Im Stehen dösen die Pferde nur. Zum Schlafen legen sie sich gerne hin. Am liebsten ins Gras, in Sand oder in ein weiches Strohbett. Pferde brauchen aber nur wenig Schlaf. Sie träumen auch. Manchmal schnarchen oder wiehern sie sogar im Schlaf. Pferde sind Fluchttiere. In einer Pferdeherde schlafen nie alle Tiere gleichzeitig. Einige Pferde halten »Wache« und warnen die schlafenden Tiere, wenn etwas Bedrohliches passiert. Dann kann die ganze Herde schnell flüchten.

Rinder

Was ist der Unterschied zwischen Rind und Kuh?

Kühe sind die weiblichen Rinder. Die Männchen heißen Stiere oder Bullen und die Jungen nennt man Kälber. Es gibt sehr viele verschiedene Rinderrassen. Manche Rassen geben viel Milch, andere viel Fleisch. Bei uns sieht man meistens die gefleckten Rotbunten und Schwarzbunten oder das Braunvieh.

Was sind Wiederkäuer?

Beim Weiden verschlingen die Rinder Grasbüschel, ohne sie zu zerkauen. Erst wenn sie genug gefressen haben, legen sie sich hin, würgen das Gras wieder hoch und zerkauen es solange bis ein Brei entsteht, den sie besser verdauen können.

Wusstest du,

- dass eine Kuh an einem Tag einen ganzen Ballen Heu frisst?
- dass eine gute Milchkuh in einem Jahr über 6.500 Liter Milch gibt?
- dass eine Kuh an einem einzigen Tag bis zu 8 Eimer Wasser trinkt?
- dass unsere Hauskuh vom wilden Auerochsen abstammt? Dieses Wildrind ist aber schon lange ausgestorben.

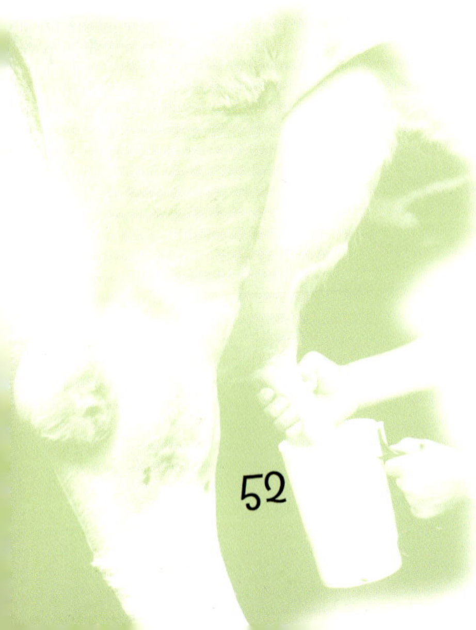

Kuhmilch schmeckt lecker und ist gesund.

Wie macht die Kuh die Milch?

Eigentlich geben Säugetiere nur Milch, wenn sie Nachwuchs haben. Durch Zucht geben Milchkühe heute aber viel mehr Milch als ihre Kälber brauchen. Die Milch bildet sich unter dem Bauch der Kuh, im Euter. Die vier Zipfel, aus denen die Milch herauskommt, heißen Zitzen. Jeden Morgen und Abend ist das Euter voll und die Kühe werden gemolken. Eine gute Milchkuh gibt jeden Tag mehr als 20 Liter Milch. Aus der Milch werden zum Beispiel Butter, Käse, Quark, Sahne und Joghurt hergestellt.

Hühner

Legen braune Hühner braune Eier?

Und weiße Hühner weiße Eier? Nein, die Farbe des Gefieders bestimmt nicht die Farbe der Eierschale. Diese wird von den Genen bestimmt. Schau dir die Ohren der erwachsenen Hühner an: Sind die Ohren braun oder rot, legen sie braune Eier. Sind sie weiß, legen die Hühner meistens auch weiße Eier.

Warum schlafen Hühner auf der Stange?

Früher lebten die wilden Hühner im Wald. Nachts hüpften sie auf Bäume und übernachteten in den Ästen. Hier waren sie vor Feinden sicher. Und auch heute noch setzen sich Hühner zum Schlafen gern auf eine Stange. Sie krümmen die Zehen des Fußes um die Stange und fallen darum nicht herunter.

Wusstest du,

- dass Hühner schlechte Flieger, aber gute Läufer sind?
- dass Hühner richtige Frühaufsteher sind? Am Abend gehen sie aber auch früh schlafen.
- dass Hühner sehr gesellige Tiere sind? Sie haben eine feste Rang- und Hackordnung. Ein Huhn von hohem Rang darf zum Beispiel zuerst an den Futternapf.
- dass Hühner gern ein Sand- oder Staubbad nehmen?

Ein Huhn kann bis zu 300 Eier im Jahr legen.

Wie kommt das Küken in das Ei?

Damit ein Küken entstehen kann, muss das Ei im Körper der Henne vom Hahn befruchtet werden. Jetzt muss die Henne das Ei ausbrüten. Sie setzt sich auf das Ei und hält es mit ihrer Körpertemperatur etwa drei Wochen lang warm. In dem Ei wächst nun ein Küken heran. Auch ein Küken hat Hunger. Es holt sich seine Nahrung aus dem Eidotter. Doch mit der Zeit wird es dem Küken im Ei zu eng. Es pickt von innen ein Loch in die Eierschale und schlüpft aus dem Ei.

Schweine

Sind Schweine schmutzig?

Schweine sind sehr saubere Tiere. Sie wälzen sich im Schlamm, um ihre Haut von Läusen und Zecken zu befreien. Im Sommer brauchen Schweine Schlammbäder als Abkühlung.

Wie findet das Schwein die Trüffel?

Mit ihrer platten, rüsselförmigen Schnauze graben Schweine in der Erde nach Futter. Besonders in Frankreich setzt man sie dazu ein, Trüffel zu finden. Trüffel ist ein besonderer Pilz, der als Delikatesse gilt. Er wächst unter der Erde und ist deswegen für den Menschen nur schwer zu finden. Besonders weibliche Schweine können Trüffel gut erschnüffeln, weil er ähnlich riecht wie männliche Schweine.

Wusstest du,

- dass jedes Schweineweibchen (Sau) etwa 22 Ferkel im Jahr zur Welt bringen kann?
- dass Hausscheine ursprünglich von den Wildschweinen abstammen? Vor etwa 6.000 Jahren wurden sie von Menschen gezähmt.
- dass Schweine sehr intelligent sind?
- dass man Schweinehaare früher zur Herstellung von Zahnbürsten benutzte?

Damit die Ferkel besser trinken können, legt die Sau sich hin.

Bringen Schweine Glück?

Schweine gelten als Glücksbringer. Diese Tradition stammt noch aus dem Mittelalter. Damals war ein einzelnes Schwein sehr wertvoll. Es brauchte nicht viel Futter und die Ferkel konnten teuer verkauft werden. Von dem Fleisch und dem Schmalz eines Schweins konnte eine Familie einen ganzen Winter überleben. Der Verlierer eines Turniers im Mittelalter bekam als Trostpreis ein Schwein überreicht. Da hat er noch mal Schwein gehabt!

Affen

Warum schneiden Affen Grimassen?

Affen können sich mit Lauten untereinander verständigen. Außerdem benutzen sie ihre Gesichtszüge, um mit anderen Affen »zu sprechen«. Zeigen sie einem Artgenossen zum Beispiel eine ärgerliche Grimasse und fletschen die Zähne, dann sollte der lieber ganz schnell auf einen anderen Baum klettern.

Wieso lausen sich Affen?

Affen lausen sich gegenseitig. Sie zupfen sich Blätter, Hautschuppen, Läuse oder Flöhe aus ihrem Fell. Sie betreiben die Fellpflege auch, um Zuneigung und Respekt voreinander zu zeigen. Wer in der Gruppe einen tieferen Rang einnimmt, muss den Höherstehenden lausen. Aber auch Freunde lausen sich.

Wusstest du,

- dass viele Affenarten ihren Schwanz als »5. Hand« zum Klettern, Balancieren und Festhalten benutzen?
- dass fast alle Affen Pflanzenfresser sind? Ein Gorilla frisst bis zu 26 kg Blätter am Tag.
- dass rund 135 Affenarten auf drei Erdteilen (Afrika, Asien, Südamerika) zu Hause sind?
- dass Affen keine Krallen, sondern wie die Menschen Finger- und Fußnägel haben?

Menschenaffen sind unsere nächsten Verwandten im Tierreich.

Leben alle Affen auf Bäumen?

Klettern ist für die Affen überlebenswichtig. Auf dem Boden haben sie nämlich viele natürliche Feinde wie Tiger, Leoparden und Löwen. Darum leben die meisten Affenarten in den Bäumen. Einige leben aber auch auf dem Erdboden. So ziehen sich etwa Husarenaffen und Paviane nur zum Schlafen auf die Bäume zurück. Tagsüber flitzen sie durch die Savanne. Auch Gorillas halten sich viel am Boden auf. Sie können bis zu 300 Kilogramm schwer werden. Und welcher Ast hält das schon aus?

Löwen

Wusstest du,

- dass Löwen die einzigen Großkatzen sind, die brüllen?
- dass ausgewachsene Löwen bis zu 250 kg schwer werden können?
- dass Löwen die einzigen Katzen sind, die im Rudel leben?
- dass Löwen außer Elefanten und Nashörnern fast alle Tiere angreifen?
- dass ein Rudel bis zu 30 Löwen umfassen kann?

Warum haben Löwen eine Mähne?

Die Löwenmähne ist ein guter Schutz. Wenn Löwenmännchen ihre Rivalenkämpfe austragen, dann fügen sie sich mit ihren großen Pranken kräftige Hiebe zu. Die auffällige Mähne ist bestens geeignet, die Prankenhiebe auf Kopf und Hals abzufangen. Die Mähne ist braun bis schwarz und kann bis zum Bauch reichen. Die Weibchen haben keine Mähne.

Wer hat den Löwen zum König gekrönt?

Natürlich trägt der Löwe keine Krone und ein echter König ist er auch nicht. Er wird nur oft so genannt, weil er unter den Tieren keine wirklichen Feinde hat. Wenn der Löwe sein lautes Gebrüll ertönen lässt, ergreifen alle anderen Tiere schnell die Flucht.

Löwen haben große Tatzen.

Wer ist in der Löwenfamilie der Chef?

In einer Löwenfamilie gibt es meist zwei Männchen, die in der Rangordnung über den Weibchen stehen, selbst wenn sie schwächer sind. Löwen leben in Rudeln. Das Jagen übernehmen meist die Weibchen. Ist die Beute erlegt, kommen auch die Männchen dazu und das Fressen wird unter den Tieren verteilt. Die Mütter der Gruppe kümmern sich gemeinsam um die Jungen, die alle zur gleichen Zeit geboren werden. Tagsüber liegen Löwen oft gemeinsam im Schatten der Bäume und ruhen sich aus.

Elefanten

Warum haben Elefanten so große Ohren?

Asiatische Elefanten haben eher kleine Ohren, Afrikanische Elefanten dagegen riesige Segelohren. Sie helfen ihnen dabei, die hohen Temperaturen zu ertragen. Über die Ohren können sie Körperwärme abgeben. Wenn es ihnen dennoch zu heiß wird, stellen sie die Ohren auf und wedeln sich kühle Luft zu.

Wieso haben Elefanten so viele Falten?

Man nennt Elefanten auch Dickhäuter, denn ihre Haut scheint sehr dick zu sein. Doch sie besteht nur aus unzähligen Falten und Verwerfungen. Sind das dann ganz alte Elefanten? Nein, diese faltige Haut ist wieder so ein Trick gegen die Hitze! Sie bietet viel Oberfläche, an der die Körperwärme entweichen kann.

Wusstest du,

- dass Elefanten mehr als 60 Jahre alt werden können?
- dass ein Elefant schneller laufen kann als ein Mensch? Außerdem sind Elefanten sehr ausdauernd.
- dass Elefanten – wenn möglich – jeden Tag baden? Schlamm und Wasser kühlen die Tiere ab.
- dass Elefanten jeden Tag etwa 200 Liter Wasser trinken? Das ist eine ganze Badewanne voll!

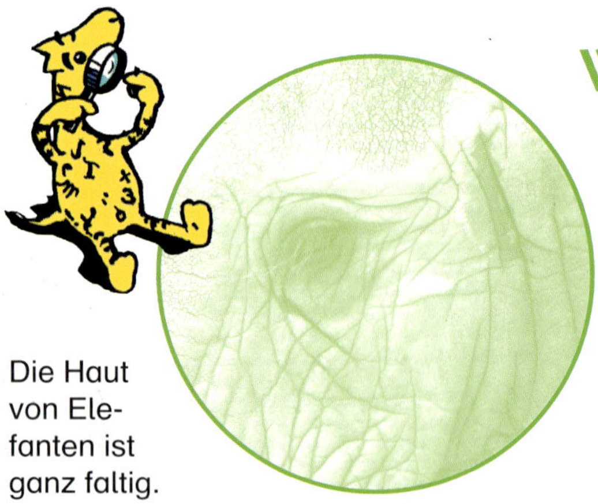

Die Haut von Elefanten ist ganz faltig.

Warum haben Elefanten einen Rüssel?

Der Rüssel ist die Nase des Elefanten. Sie brauchen ihn zum Riechen und Atmen. Der Rüssel ist für sie aber auch eine Art Hand, mit der sie Sachen aufheben oder Obst von Bäumen abreißen. Ohne Rüssel könnten Elefanten nicht trinken. Sie saugen das Wasser in den Rüssel und spritzen es sich danach in das Maul. Außerdem dient ihnen der Rüssel auch noch zum Tasten, als Alarmtrompete, Waffe, Schwimmschnorchel und sogar als Schlauch, um sich mit Wasser zu bespritzen.

Giraffen

Warum haben Giraffen einen so langen Hals?

Der extrem lange Hals der Giraffen hat einen sehr großen Vorteil: Sie können sich problemlos am Nahrungsangebot hoch oben in den Bäumen bedienen. Ohne Mühe können sie so ihre Lieblingsspeise, die Blätter und Früchte hoher Akazienbäume, erreichen.

Stört der lange Hals nicht beim Trinken?

Praktisch ist der Hals tatsächlich nicht. Zum Trinken muss die Giraffe ihre langen Vorderbeine weit auseinanderstrecken oder sich hinknien, sonst kommt sie nicht ans Wasser. Feinden wie zum Beispiel Löwen ist sie dann fast hilflos ausgeliefert. Deshalb trinkt sie ihre Tagesration auf einmal.

Wusstest du,

- dass Giraffen schwarze Zungen haben?
- dass Giraffen die größten Landsäugetiere sind? Sie werden etwa 5,5 m hoch.
- dass die Beine der Giraffe noch länger sind als ihr Hals?
- dass die Giraffe auf kurzen Strecken 50 Stundenkilometer schnell sein kann?
- dass Giraffen nur in Afrika leben?

Giraffen haben ein auffällig gemustertes Fell.

Wie werden Giraffenbabys geboren?

Giraffen bringen nach 15 Monaten ein einziges Baby zur Welt. Die Muttertiere bleiben bei der Geburt stehen. Das kleine Kälbchen plumpst daher aus fast zwei Metern Höhe auf den Boden. Unverletzt steht es schon bald nach der Geburt auf und trinkt zum ersten Mal Milch bei der Mutter. Kurze Zeit später wandert die junge Giraffe schon in der Herde mit. Nach dem ersten Lebensjahr können junge Giraffen schon alleine leben und verlassen ihre Mutter.

Delfine

Warum lachen Delfine immer?

Jeder Mensch besitzt verschiedene Gesichtsmuskeln. Dadurch kann er alle möglichen Gesichtsausdrücke machen, zum Beispiel lächeln, böse gucken oder Grimassen ziehen. Delfinen fehlen solche Gesichtsmuskeln. Dadurch haben sie immer ein lachendes Gesicht und sehen ständig gut gelaunt aus.

Wieso begleiten Delfine Schiffe?

Delfine sind sehr neugierig. Darum begleiten sie oft Boote und Schiffe, indem sie nebenherschwimmen. Außerdem sind Delfine verspielt. Sie zeigen gerne tolle Sprünge, schwimmen hinter Wellen her, veranstalten mit anderen Delfinen Wettschwimmen oder reiten auf den hohen Wellen, die die Schiffe machen.

Wusstest du,

- dass ein Delfin so groß und so schwer wie ein erwachsener Mensch werden kann?
- dass sich Delfine untereinander über Pfeiftöne verständigen?
- dass der Schwertwal der größte Delfin ist?
- dass Delfine in Gruppen leben, in denen sie sich gegenseitig schützen und helfen? Diese Gruppen nennt man auch Delfinschulen.

Delfine sind sehr intelligente Tiere.

Warum springen Delfine aus dem Wasser?

Obwohl Delfine eine glatte Haut haben und im Wasser leben, sind sie keine Fische. Es sind Meeressäugetiere, die wie wir mit Lungen atmen. Alle zwei bis drei Minuten müssen sie zum Atmen an die Wasseroberfläche kommen. Durch ihre Atemöffnung oben am Kopf holen sie dann Luft. Oft machen sie das, indem sie dabei hoch aus dem Wasser springen. So kommen sie schneller voran, weil Luft einen geringeren Widerstand bietet als Wasser.

Eisbären

Frieren Eisbären nie?

Eisbären leben auf den Inseln und an den Küsten des nördlichen Eismeeres. Sie sind hervorragende Schwimmer und Taucher. Ein dichtes, weißes Fell und eine dicke Fettschicht schützen sie vor der eisigen Kälte. Selbst bei minus 60 Grad Celsius frieren Eisbären nicht. Ihr Pelz geht sogar bis unter die Tatzen, damit sie keine kalten Füße bekommen.

Wie fängt ein Eisbär Robben?

Der Eisbär legt sich flach auf den Bauch und pirscht sich langsam an schlafende Robben heran. Manchmal verharrt er auch ganz still an einem Wasserloch und wartet oft stundenlang, bis eine Robbe zum Luftholen auftaucht. Dann schlägt er blitzschnell zu.

Wusstest du,

- dass Eisbären unter ihrem weißen Fell eine schwarze Haut haben? Auch wenn man ihre Haut nicht sehen kann, die Sonne wird von der schwarzen Farbe angezogen und wärmt die Eisbären.
- dass Eisbären bis zu einer Tonne schwer werden können?
- dass Eisbärenmütter, die ihre Jungen säugen, fast 8 Monate nichts essen müssen ohne zu verhungern?

Eisbären haben riesige Pranken.

Wie wachsen junge Eisbären auf?

Wenn es Winter wird, graben sich die Eisbären eine Höhle in den Schnee. Hier können sie sich vor der Kälte und der Dunkelheit verkriechen und Winterruhe halten. Die Weibchen bekommen in der Schneehöhle ihre zwei oder drei Jungen. Nach der Geburt sind die Eisbären noch blind und taub. Auf dem Eis würden sie bald sterben, aber in der Höhle geht es ihnen gut. Die Weibchen wärmen die Kleinen mit ihrem dicken Fell und säugen sie. Erst nach vier bis fünf Monaten verlassen die Tiere ihre Höhle.

Weltall

Wie groß ist das Weltall?

Das Weltall, auch Universum oder Kosmos genannt, ist unvorstellbar groß. Niemand weiß, wie riesig es genau ist. Ob es endlich oder unendlich ist. Es ist auf jeden Fall sehr viel größer, als wir mit unseren besten Teleskopen sehen können. Und seit seiner Entstehung scheint sich das Weltall immer weiter auszudehnen.

Wer hat das Weltall gemacht?

Viele Wissenschaftler nehmen an, dass unser heutiges Weltall vor etwa 10 bis 20 Milliarden Jahren durch eine riesige Explosion entstanden ist. Also lange Zeit bevor Menschen und Tiere auf der Erde lebten. Die Wissenschaftler nennen diese Explosion auch Urknall (englisch: Big Bang).

Wusstest du,

- dass das Wort »Astronaut« so viel bedeutet wie »Sternfahrer«?
- dass Astronauten in Russland Kosmonauten und in China Taikonauten heißen?
- dass der Raumanzug den Astronauten vor der großen Kälte im Weltraum schützt und vor gefährlichen Strahlen?
- dass du im Schwimmbad unter Wasser testen kannst, wie sich Schwerelosigkeit anfühlt?

Im Weltall gibt es ganz viel Schrott. Jede Rakete hinterlässt dort Müll.

Warum schweben Astronauten im Weltall?

Im Weltall ist alles schwerelos. Anstatt auf den Boden zu fallen, schweben alle Dinge kreuz und quer durch den Raum: Astronauten, Werkzeuge, Bananen, einfach alles! Darum müssen Gegenstände gut befestigt werden. Damit die Astronauten beim Arbeiten nicht wegschweben, gibt es in der Raumstation Schlingen, in die sie ihre Füße schieben können. Nachts schnallen sie sich an. Und in dem Astronauten-Klo ist eine Art Staubsauger, der einfach alles aufsaugt.

Sonne

Wie heiß ist die Sonne?

Die Sonne ist eine riesige Kugel aus glühendem Gas. Sie besteht hauptsächlich aus Wasserstoffgas. An ihrer Oberfläche ist die Sonne fast 6000 Grad Celsius heiß. Im Inneren der Sonne ist es sogar noch viel heißer. Hier herrscht eine Temperatur von rund 15 Millionen Grad Celsius.

Brauchen wir die Sonne?

Ohne die Sonne wäre unser Planet nur ein toter, eiskalter Stein. Und es wäre immer dunkel. Denn die Sonne versorgt unsere Erde mit Licht und Wärme. Ohne Sonne gäbe es auf unserer Erde gar kein Leben, denn alle Menschen, Tiere und Pflanzen brauchen ihr Licht und ihre Wärme.

Wusstest du,

- dass sich alle Planeten unseres Sonnensystems um die Sonne drehen?
- dass die Erde etwa 150 Millionen Kilometer von der Sonne entfernt ist?
- dass die Sonne so riesig ist, dass unsere Erde ungefähr 1,3 Millionen Mal in sie hineinpassen würde?
- dass im Inneren der Sonne unvorstellbare Explosionen stattfinden?

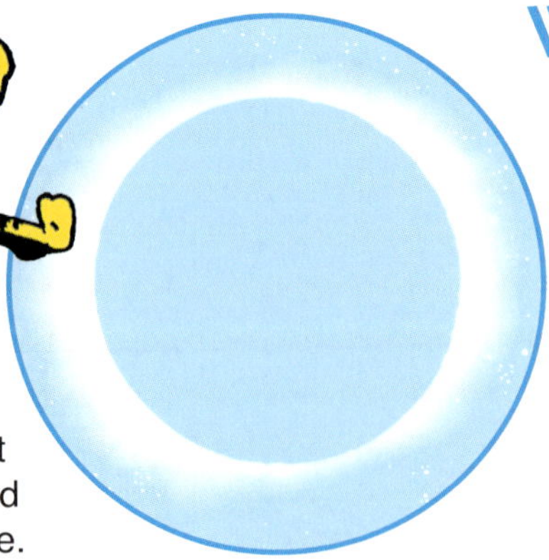

Bei einer Sonnenfinsternis schiebt sich der Mond vor die Sonne.

Wo ist die Sonne in der Nacht?

Die Erde ist eine Kugel, die sich im Laufe eines Tages einmal um sich selbst dreht. Immer nur eine Hälfte der Erde wird von der Sonne angestrahlt. Die andere Hälfte liegt im Dunkeln. Wenn bei uns Nacht ist, ist die Sonne also nicht wirklich vom Himmel verschwunden. Die Erde hat sich nur von ihr weggedreht. Und die Sonne spendet jetzt der anderen Erdhalbkugel Licht und Wärme. Während du nachts schläfst, spielen und toben zum Beispiel die Kinder in Australien ausgelassen im Sonnenschein.

Mond

Kann man auf dem Mond spazieren gehen?

Wenn man auf dem Mond spazieren gehen will, muss man sich warm anziehen. Es kann dort sehr kalt werden: In der Nacht bis zu –170 Grad Celsius! Tagsüber ist es dagegen glühend heiß. Außerdem braucht man einen Astronautenanzug, denn es gibt auf dem Mond keine Luft zum Atmen.

Hat der Mond ein Gesicht?

Malst du den Mond auch immer mit Augen, Ohren, Mund und Nase? Doch eigentlich besteht das Mondgesicht nur aus einer Reihe dunkler Flecken. Das sind Täler und Gebirge, sogenannte Krater. Sie sind vor vielen Milliarden Jahren entstanden, als unzählige Meteoriten (Gesteinsbrocken) auf den Mond stürzten.

Wusstest du,

- dass der Mond manchmal in den Schatten der Erde gerät? Das ist eine Mondfinsternis.
- dass Ebbe und Flut durch die Anziehungskraft des Mondes verursacht werden?
- dass wir von der Erde aus immer die gleiche Seite des Mondes sehen?
- dass du die Krater auf dem Mond mit einem guten Fernglas oder Fernrohr genau erkennen kannst?

Der Mond ist der einzige Himmelskörper, der je von einem Mensch betreten oder befahren wurde.

Warum ist der Mond nicht immer rund?

Der Mond kreist um die Erde. Er leuchtet nicht aus eigener Kraft. Wir sehen immer nur den Teil von ihm, der gerade von der Sonne angestrahlt wird. Bei Vollmond steht der Mond der Sonne gegenüber. Er sieht dann wie eine große runde Kugel aus. Nacht für Nacht nimmt der Mond jetzt ab. Bei Neumond steht er fast genau zwischen Sonne und Erde. Du kannst ihn nun nicht mehr sehen. Doch von da an nimmt er wieder zu. Und nach rund 29 Tagen und 13 Stunden ist wieder Vollmond!

Sterne

Wie alt werden Sterne?

Sterne sind hell leuchtende, glühend heiße Kugeln. Sie entstehen aus Staub und Gas. Es gibt kleinere Sterne: die Zwergsterne. Und es gibt riesige Sterne. Manche von ihnen sind 1000-mal größer als die Sonne. Sterne leben oft viele Milliarden Jahre. Im Laufe der Zeit verändern sie sich. Irgendwann sterben sie.

Wie weit sind die Sterne entfernt?

In einer klaren Nacht sieht man die Sterne als kleine leuchtende Punkte am Himmel. Doch in Wirklichkeit sind alle Sterne riesige Kugeln. Sie erscheinen nur so winzig, weil sie viele Milliarden Kilometer entfernt sind. Sie sind so weit weg, dass uns ihr Licht oft erst nach einigen Jahren erreicht.

Wusstest du,

- dass nicht alle Sterne gelb leuchten? Manche leuchten weiß oder rot oder blau.
- dass nicht alle Menschen die gleichen Sterne sehen können? Man kann nur die Sterne sehen, die über der Erdhalbkugel leuchten, auf der man lebt.
- dass Menschen, die in Großstädten leben, am Nachthimmel kaum noch Sterne sehen können? Es gibt dort einfach zu viele hell erleuchtete Häuser und Straßenlaternen.

Im Universum gibt so viele Sterne, dass man sie nicht zählen kann.

Wo sind die Sterne am Tag?

Sterne sind immer am Himmel, aber tagsüber können wir sie nicht sehen. Denn am Tag ist das Licht unserer Sonne heller als das Licht der Sterne. Du kannst die Sterne nur bestaunen, wenn der Himmel nachts dunkel ist. In Wirklichkeit funkeln Sterne nicht, sondern sie sind immer gleich hell. Das Licht der Sterne muss auf seinem Weg zu uns durch warme und durch kalte Luftschichten. Und weil Luft immer in Bewegung ist, wird der Lichtstrahl dabei etwas »verwackelt«.

Erde

Wusstest du,

- dass vor etwa 600 Millionen Jahren das Leben auf unserer Erde entstand?
- dass die Erde einer von neun Planeten ist, die um die Sonne kreisen?
- dass unsere Erde keine feste Kugel ist, sondern aus beweglichen Platten besteht?
- dass du nicht von der Erde fallen kannst? Die Erdanziehungskraft sorgt dafür, dass Dinge nach »unten« fallen.

Wie alt ist die Erde?

Wahrscheinlich ist die Erde ungefähr fünf Milliarden Jahre alt. Zuerst war sie ein Feuerball, der durch das Weltall kreiste. Nach und nach kühlte sie sich ab. Auch die Oberfläche der Erde veränderte sich im Laufe der Jahrmillionen: Sie wurde fest und es bildeten sich große Wasserflächen.

Ist die Erde wirklich rund?

Noch vor etwa 500 Jahren glaubten die Menschen, dass die Erde eine Scheibe sei. 1519 startete der portugiesische Seefahrer Magellan zur ersten Weltumsegelung. Er konnte schließlich beweisen: Die Erde ist eine Kugel! Dabei gleicht sie aber eher einer Orange, denn an den Polen ist sie etwas plattgedrückt.

Die Erde dreht sich wie ein Kreisel um ihre Achse.

Wie sieht die Erde innen aus?

Unsere Erde besteht aus der Erdkruste, dem Erdmantel und dem Erdkern. Auf der Erdkruste leben wir. Sie ist 30 bis 60 Kilometer dick und umspannt den Erdmantel. Der Erdmantel ist nicht ganz so fest wie die Erdkruste, er besteht aus geschmolzenem Gestein. In knapp 3000 Kilometer Tiefe beginnt der Erdkern. Der äußere Erdkern ist flüssig, der innere Kern fest. Im Innern der Erde ist es ziemlich heiß! Wissenschaftler gehen davon aus, dass dort Temperaturen von rund 7000 Grad Celsius herrschen.

Himmel

Warum ist der Himmel blau?

Das weiße Licht der Sonne setzt sich aus den Farben des Regenbogens zusammen. Wenn dieses Sonnenlicht durch die Atmosphäre dringt, wird es nach allen Seiten verschieden stark gestreut. Da der blaue Anteil am stärksten gestreut wird, erscheint uns Menschen der Himmel blau.

Warum machen Flugzeuge weiße Streifen?

Die weißen Streifen nennt man Kondensstreifen. Sie entstehen nur, wenn ein Flugzeug durch hohe, kalte und feuchte Luftschichten fliegt. Dann lagert sich Wasserdampf aus der Luft an die Schmutzteilchen aus den Flugzeugabgasen. Wird der Kondensstreifen immer größer, entwickelt sich aus ihm eine dünne Eiswolke.

Wusstest du,

- dass Licht aus sieben Farben besteht: Rot, Orange, Gelb, Grün, Hellblau, Dunkelblau (Indigo) und Violett?
- dass man einen Regenbogen sieht, wenn während oder kurz nach einem Regenschauer die Sonne scheint? Die Regentropfen zerlegen dann das Licht in seine Farben.
- dass im Licht alles einen Schatten wirft? Hast du schon einmal mit deinen Händen Schattenfiguren geformt?

Wenn während eines Regenschauers die Sonne scheint, kannst du einen Regenbogen sehen.

Wie entstehen Wolken?

Wolken entstehen aus Wasserdampf. Wenn die Sonne auf die Meere und Flüsse scheint, wird das Wasser erhitzt und es verdampft. Dieser Wasserdampf steigt mit der warmen Luft in den Himmel hinauf. Dort kühlt er ab und aus den winzigen, unsichtbaren Wassertropfen werden Millionen größerer Tropfen. Sie sind so leicht, dass sie in der Luft schweben. Es sind die Wolken. Die Wassertropfen können aber auch so groß und schwer werden, dass sie schließlich zur Erde niederfallen: Dann regnet es.

Wetter

Wer macht das Wetter?

Drei Dinge braucht das Wetter: Luft, Wasser und vor allem die Sonne. Sonnenstrahlen erwärmen Kontinente und Meere. Die Sonne sorgt dafür, dass Wasser verdunstet, in die Höhe steigt, Wolken bildet und als Regen zurück auf die Erde fällt. Man kann also sagen: Die Sonne ist unser Wettermacher.

Was ist eigentlich ein Un-Wetter?

Un-Menschen braucht niemand. Un-Wetter auch nicht! Zum Beispiel heftige Stürme oder starke Regenfälle. Diese Witterung kann Menschen verletzen, Gebäude zerstören oder ganze Landschaften verwüsten. Häufig müssen von einem Unwetter betroffene Regionen den Notstand ausrufen. Sie benötigen dann Hilfe.

Wusstest du,

- dass du dir die Wetterkarte jeden Tag im Fernsehen oder in der Zeitung anschauen kannst?
- dass Wettervorhersagen besser sind als ihr Ruf? Meteorologen sagen mit mehr als 90 Prozent Trefferquote voraus, ob es innerhalb der nächsten ein, zwei Tage regnet, stürmt oder die Sonne strahlt.
- dass viele Menschen sehr empfindlich auf das Wetter reagieren? Sie sind wetterfühlig.

Schwere Stürme richten jedes Jahr große Schäden an.

Woher weiß man, wie das Wetter wird?

Die Wissenschaft, die sich mit dem Wetter befasst, heißt Meteorologie. Meteorologen, also Wetterforscher, beobachten und messen das Wetter ständig weltweit. Ihre Messgeräte sind in Wetterwarten und Wettersatelliten eingerichtet. Ihre Beobachtungen zeichnen sie in Wetterkarten ein. Das Ziel der Meteorologen ist eine möglichst genaue Wettervorhersage. Das ist sehr wichtig, weil sie dadurch die Menschen vor schweren Unwettern warnen können. Sie können sich dann rechtzeitig in Sicherheit bringen.

Niederschlag

Wer macht den Wind?

Die Sonne »macht« den Wind. Am Tag erwärmt sie unsere Erde. Da warme Luft leichter ist als kalte Luft, steigt sie nach oben in den Himmel. Die schwerere, kühle Luft aber sinkt nach unten. Hier erwärmt sie sich und steigt als warme Luft wieder nach oben. Und durch diese Bewegungen entsteht der Wind!

Fällt nur Regen aus den Wolken?

All das Wasser, das auf die Erde fällt, nennt man Niederschlag. Der Niederschlag kann flüssig in Form von Regen, Tau oder Nebel sein. Er kann aber auch eine feste Form haben und zum Beispiel als Schnee oder Hagel auf die Erde fallen. Das hängt davon ab, wie kalt es in und unterhalb der Wolke ist.

Wusstest du,

- dass die Natur den Wind braucht? Er verteilt die Samen von vielen Pflanzen und Bäumen.
- dass Windpocken sehr ansteckend sind? Sie verbreiten sich quasi mit dem Wind – wie der Name schon sagt!
- dass du ausrechnen kannst, wie viele Kilometer ein Gewitter noch entfernt ist? Du musst nur die Sekunden zwischen Blitz und Donner zählen und das Ergebnis durch 3 teilen.

An manchen Tagen regnet es wirklich Bindfäden. Sagt man jedenfalls so.

Was mache ich bei einem Gewitter?

Wenn es ein Gewitter gibt, hat sich elektrischer Strom in den Wolken angesammelt. Mit einem zuckenden Blitz entlädt sich der Strom. Wo ein Blitz einschlägt, kann er Feuer entfachen oder Menschen und Tiere töten. Meist schlägt er an der höchsten Stelle ein, zum Beispiel in Türme oder allein stehende Bäume. Am sichersten überstehst du ein Gewitter in einem Haus, im Auto oder im Zug. Auf keinen Fall solltest du in einem See schwimmen oder Boot fahren!

Jahreszeiten

Warum gibt es Jahreszeiten?

Du kennst bestimmt die vier Jahreszeiten: Frühling, Sommer, Herbst und Winter. Es gibt sie, weil sich die Erde um die Sonne dreht. Und weil die Erde nicht ganz gerade, sondern ein wenig schräg zur Sonne steht. Dadurch scheint die Sonne nicht das ganze Jahr gleichmäßig auf die unterschiedlichen Gegenden.

Wieso ist es im Sommer schön warm?

Im Sommer ist es bei uns schön warm, weil uns viele Sonnenstrahlen erreichen. Da die Erde im Jahresverlauf aber weiter um die Sonne wandert, werden nach und nach andere Länder der Erde mit viel Sonne bedacht. Wenn dann auf der Südhalbkugel der Sommer begonnen hat, frieren wir auf der Nordhalbkugel.

Wusstest du,

- dass die Tage im Sommer länger hell sind als die im Winter? Die Halbkugel, die der Sonne zugewandt ist, bekommt dann länger Licht.
- dass der kälteste Ort der Erde in der Antarktis liegt? Hier wurden einmal fast –90° C gemessen. In der Libyschen Wüste in Afrika zeigt das Thermometer dagegen oft mehr als 50° C an.
- dass zum Herbstanfang und zum Frühlingsanfang Tag und Nacht gleich lang sind?

Im Winter kann man prima Schneemänner bauen!

Gibt es überall auf der Erde vier Jahreszeiten?

Die vier Jahreszeiten sind am stärksten in den mittleren Breiten ausgeprägt – so wie bei uns. Die Grenze zwischen der Nord- und Südhalbkugel heißt Äquator. Die Länder, die in diesem Gebiet liegen, nennt man »Tropen«. Hier wird es nie kalt, denn diese Länder bekommen immer gleichmäßig Sonnenwärme ab. Es gibt hier nicht vier Jahreszeiten, sondern nur zwei: eine Regen- und eine Trockenzeit. Nord- und Südpol bekommen dagegen wenig Sonnenstrahlen ab. Hier ist es sogar im Sommer kalt – brrr!!!

Berge

Wusstest du,

- dass du immer weniger Pflanzen findest, je höher du auf einen Berg steigst?
- dass ein Vulkan mit jedem Ausbruch größer wird?
- dass sich viele Vulkane unter Wasser befinden? Bricht solch ein Vulkan aus, kann eine neue Insel entstehen.
- dass es nicht nur Feuer-, sondern auch Eisberge gibt? Der größte Teil eines Eisberges liegt unter Wasser.

Welches ist der höchste Berg?

Der höchste Berg der Erde ist der Mount Everest. Er liegt im Himalaya (Asien) und ist 8846 Meter hoch. Bergsteiger, die den Mount Everest besteigen wollen, brauchen sehr warme Kleidung und am besten ein Atemgerät mit künstlichem Sauerstoff. Denn nach oben wird die Luft immer dünner und es ist eisig kalt.

Welche Berge können Feuer spucken?

Vulkane sind feuerspeiende Berge. Im Innern der Erde ist es so heiß, dass die Gesteine dort geschmolzen sind. Diese Schmelze nennt man Lava. Wenn die Erdkruste Risse aufweist, sucht sich die Lava einen Weg nach draußen und bricht aus! Dort kann sie kilometerweit fließen, bis sie wieder kalt und fest wird.

Beim Bergsteigen muss man sich immer gut mit Seilen und Helm absichern.

Gab es eigentlich schon immer Berge?

Vor Millionen von Jahren gab es noch keine Berge. Da gab es nur einen einzigen flachen Kontinent: Pangäa. Der lag in einem riesigen Ozean. Die unterirdischen Strömungen des Ozeans zerrten so an ihm, dass er in mehrere Platten auseinanderbrach. Diese sind ständig in Bewegung. Und manchmal stoßen zwei Platten gegeneinander und schieben Teile der Erdkruste über- und untereinander. Ein Teil der Landmasse wird dabei aufgetürmt und es bildet sich langsam ein Gebirge.

Meer

Wie groß ist das Meer?

Vom Weltraum aus betrachtet erscheint die Erde blau. Darum nennt man die Erde auch »Blauer Planet«. Über zwei Drittel der Erdoberfläche oder rund 362 Millionen Quadratkilometer bestehen aus Wasser. Durch die Erdteile wird das Meer in drei große Ozeane gegliedert: Atlantischer, Indischer und Pazifischer Ozean.

Warum hat das Meer Wellen?

Ins Wasser geworfene Steinchen oder fahrende Schiffe verursachen Wellen. Meereswellen werden vor allem durch Wind erzeugt. Je stärker der Wind bläst, um so höhere Wellen gibt es. Große Wellen können Hunderte von Kilometern zurücklegen. Häufig türmen sie sich so hoch auf, dass sie sich überschlagen.

Wusstest du,

- dass Wasser eigentlich farblos ist? Es sieht nur blau aus, weil sich der blaue Himmel auf der Wasseroberfläche spiegelt.
- dass es tief unten im Ozean ganz dunkel ist, weil kein Sonnenlicht bis dorthin gelangt?
- dass das Meerwasser am Äquator eher warm, an den Polen dagegen bitterkalt ist?
- dass es rund 1,4 Milliarden Kubikliter Wasser auf der Erde gibt?

Unter Wasser leben außergewöhnliche Pflanzen und Tiere.

Wie kommt das Salz ins Meer?

In das Meer fließen viele Flüsse hinein. Auf ihrem Weg aus den Bergen bis ins Meer fließen sie über unzählige Gesteine. Und in allen Steinen und im Boden gibt es Salz. Die Flüsse waschen das Salz aus den Steinen und Böden und nehmen es laufend mit ins Meer. Wenn auf der Wasseroberfläche durch die Sonnenwärme Wasser verdunstet, verdunstet das Salz nicht mit. Es bleibt im Meer. Darum werden die Meere ständig ein klein wenig salziger.

Wüste

Was ist eine Wüste?

Wüsten sind Gegenden der Erde, in denen es wenige Tiere und Pflanzen gibt. Sie entstehen zum Beispiel, wenn ein Landstrich durch ein hohes Gebirge von den Regen bringenden Wolken abgeschirmt wird. Es gibt Sandwüsten, Steinwüsten und Eiswüsten. Die größte Wüste der Welt ist die Sahara in Afrika.

Können Wüsten wachsen?

Wüsten wachsen wirklich. Daran sind oft die Menschen schuld, weil sie fruchtbare Böden zerstören. Wüsten breiten sich auch aus, weil sich das Klima ändert. Gerade in den ärmsten Ländern der Welt befinden sich große Wüsten. Je mehr die Wüsten wachsen, desto mehr Menschen leiden dort unter Hunger.

Wusstest du,

- dass die größte Wüste der Welt, die Sahara, nicht immer eine Wüste war? Früher lebten hier Tiere und es muss Wasser gegeben haben.
- dass ein Wüstenschiff auf keinem Meer schwimmt? So nennt man nämlich die Kamele wegen ihres schaukelnden Gangs.
- dass es mitten in Wüsten oft fruchtbare Plätze gibt? Man nennt sie Oasen. Hier gibt es meist unterirdische Quellen.

Klapperschlangen fühlen sich in der Wüste besonders wohl.

Gibt es Leben in der Wüste?

In vielen Wüsten regnet es monatelang überhaupt nicht. Am Tag kann es bis zu 50 Grad Celsius heiß werden. Dennoch findet man auch dort Tiere, Pflanzen und Menschen, die sich diesem Lebensraum angepasst haben. Wüstentiere wie Echsen, Schlangen und Spinnen kommen mit ganz wenig Wasser aus. Wüstenpflanzen wie Kakteen können Wasser speichern. Völker wie Nomaden, Tuaregs und Beduinen ziehen mit ihren Tieren durch die Wüste oder betreiben Ackerbau.

Geografie

Warum sind auf meinem Globus Linien?

Diese Linien nennt man Längen- und Breitengrade. Sie gehören zum sogenannten Gradnetz. Das ist ein gedachtes Netz aus Linien, das rund um die Erdkugel gezogen ist. Mit Hilfe dieses Netzes kann man jeden Ort auf der Erde genau bestimmen: jede noch so kleine Insel und auch jeden versunkenen Schatz.

Woher kommt der Name Atlas?

In der griechischen Sage ist Atlas ein Riese, der auf seinen Schultern den Himmel trägt. Er soll versteinert worden sein zum Atlasgebirge. Das Atlasgebirge gibt es wirklich. Es befindet sich in Nordafrika. Atlas trug also die Verantwortung für die Erde. Deshalb heißt dein Buch mit den tollen Landkarten heute Atlas!

Wusstest du,

- dass die Erde in 180 Breitengrade und 360 Längengrade aufgeteilt ist?
- dass man auf einem Globus aber meist nur jeden zehnten Breiten- und Längengrad findet?
- dass man im Mittelalter glaubte, dass im Osten – im Orient – das Paradies ist? Noch heute benutzen wir den Ausdruck »orientieren«, wenn wir eine Karte nach dem Kompass ausrichten.

Eine Kompassnadel zeigt immer nach Norden.

Wieso liegt Norden immer oben?

Heute sind fast alle Karten so gezeichnet, dass der Norden oben liegt. Im Mittelalter zeigten noch viele Weltkarten den Osten oben an, weil dort die heilige Stadt Jerusalem liegt. Als man in Europa anfing, einen Kompass für die Orientierung zu nutzen, richtete man die Karten nach Norden aus. Unsere Erdkugel ist nämlich ein riesiger Magnet. Ein Pol liegt im Norden (Nordpol), der andere Pol im Süden (Südpol). Nach diesen Polen richtet sich die Kompassnadel aus: Sie zeigt stets nach Norden.

PACIFICO
OCEANO PACIFICO

Kontinente

Wusstest du,

- dass Europa und Asien oft als gemeinsamer Kontinent angesehen werden? Man sagt dann Eurasien dazu.
- dass Nordamerika und Südamerika einen Doppelkontinent bilden? Sie sind durch Mittelamerika miteinander verbunden.
- dass kein Eisbär der Erde je einen Pinguin gefressen hat? Eisbären leben nämlich in der Arktis und Pinguine in der Antarktis.

Warum ist es in der Arktis kalt?

Und in Afrika heiß? Auf unserer Erde gibt es kalte und warme Gebiete, weil die Sonne sie nicht überall gleich stark erwärmt. In Afrika fallen die Sonnenstrahlen ganz senkrecht auf die Erde. Darum ist es dort sehr heiß. Die Arktis wird von den wärmenden Sonnenstrahlen aber kaum berührt. Und so ist es dort kalt.

Was sind eigentlich Kontinente?

Kontinente oder Erdteile sind große zusammenhängende Landteile der Erdoberfläche. Die Kontinente heißen Europa, Asien, Afrika, Amerika, Australien und Antarktis. Meist sind die Kontinente durch Meere voneinander getrennt. Nur Europa und Asien gehen ineinander über. Wir leben auf dem Kontinent Europa.

Europa ist der zweitkleinste Kontinent. Nur Australien ist noch kleiner.

Gab es auch mal andere Kontinente?

Vor langer Zeit gab es nur einen einzigen großen Kontinent. Dieser brach auseinander und es entstanden die heutigen Kontinente. Die Kontinente bewegen sich übrigens noch immer. So wandert beispielsweise Afrika ganz langsam auf Europa zu. Wenn zwei Kontinente zusammenstoßen, dann bohren sie sich ineinander. Vor vielen Millionen Jahren war Indien noch nicht mit Asien verbunden. Der gewaltige Himalaya entstand, als Indien auf Asien gestoßen ist.

Länder

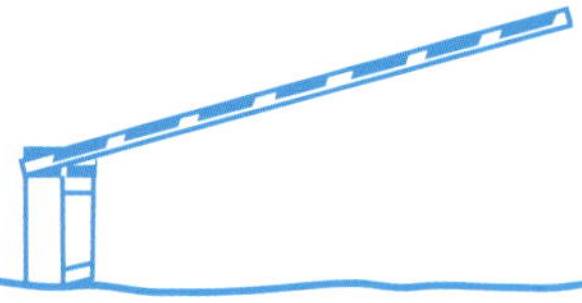

Wo ist das Land, in dem der Pfeffer wächst?

Hast du auch schon einmal jemanden dorthin gewünscht, wo der Pfeffer wächst? Weil du ihn einfach nicht mehr sehen wolltest? »Wo der Pfeffer wächst« – das ist wirklich ganz schön weit weg. Der Pfeffer liebt nämlich die Sonne. Er wird auf der Insel Madagaskar und in Indien, Indonesien und Malaysia angebaut.

Wie viele Länder gibt es auf der Welt?

Es gibt 194 Länder – oder besser: Staaten – auf der Welt. Dazu gehören winzige Inseln wie die Staaten Palau oder Nauru und Riesenländer wie Russland oder Indien. Es gibt Kinder, die in sehr armen Ländern aufwachsen. Andere Kinder werden in reichen Ländern groß.

Wusstest du,

- dass Russland das größte Land der Erde ist?
- und dass der Vatikan das kleinste Land der Erde ist?
- dass man die farbigen Schranken an Grenzen Schlagbäume nennt?
- dass der Rhein über weite Strecken die natürliche Grenze zwischen Deutschland und der Schweiz sowie zwischen Deutschland und Frankreich bildet?

Pfeffer wird vor allem in Indien angebaut.

Kann man Grenzen sehen?

Man unterscheidet verschiedene Arten von Grenzen, zum Beispiel kulturelle, politische oder natürliche Grenzen. Natürliche Grenzen sind Wüsten, Berge oder Flüsse. Die kannst du gut sehen! Politische Landesgrenzen sind dagegen nur gedachte Linien. Manchmal zeigen Grenzsteine, Schranken oder andere Markierungen an, wo die Grenze verläuft. Auch unterschiedliche Religionen oder Sprachen können Länder trennen. Das siehst du nicht unbedingt, aber du hörst oder merkst es.

ควิก
จัดจ้าน...สะใ
งยนต์
00 น.
000 บาท
นสะดวก
F.3

Flaggen

Hat jedes Land eine eigene Flagge?

Ja, jedes Land hat eine eigene Flagge. Mit der Nationalflagge drückt ein Land aus, dass es sich von anderen Ländern unterscheidet. Denn jedes Land hat ja auch seine eigene Geschichte, seine eigene Sprache, seine eigene Musik. Die Farben der Landesflaggen nennt man auch Nationalfarben.

Seit wann gibt es Flaggen?

Dazu musst du wissen, dass schon die Ritter im Kampf und bei Turnieren an ihrem Schutzschild ein Erkennungszeichen trugen: ein Wappen. So konnte man sie auch aus der Ferne erkennen. Klöster, Städte und Handwerker übernahmen solche Erkennungszeichen. Aus den Wappen entstanden später die Flaggen.

Wusstest du,

- dass Schiffe neben der Nationalflagge auch Signalflaggen haben, mit denen sie sich Nachrichten mitteilen können?
- dass auch bei Autorennen Flaggen eingesetzt werden? Fährt der Rennfahrer durch das Ziel, wird zum Beispiel eine schwarz-weiß-karierte Flagge geschwenkt.
- dass nicht nur Länder, sondern auch Städte, Gemeinden und viele Organisationen eine eigene Flagge haben?

Schwarz, Rot und Gold sind die Nationalfarben Deutschlands.

Wozu braucht man überhaupt Flaggen?

An der Flagge erkennt die ganze Welt, um welches Land es sich handelt. Darum sind bei großen Sportereignissen wie den Olympischen Spielen alle Sportlerinnen und Sportler mit der Flagge ihres Landes geschmückt. An Staatsfeiertagen weht an öffentlichen Gebäuden die Nationalflagge. Bei besonderen Trauerfällen wird Halbmast geflaggt. Dann weht die Flagge auf halber Höhe des Mastes. Auch Schiffe müssen Flagge zeigen, damit man erkennt, aus welchem Land sie stammen.

Wasser

Wusstest du,

- dass auch wir Menschen zu einem Großteil aus Wasser bestehen?
- dass Wasser auf Wasser schwimmen kann? Warmes Wasser steigt nach oben und schwimmt dann auf dem kalten Wasser.
- dass man auch bei Leitungswasser sagt, es ist hart? Dann enthält es viele Mineralstoffe, die sich in Leitungen und in Kochtöpfen als Kalk absetzen können.

Warum ist Wasser nass?

Die vielen winzigen Teilchen, aus denen Wasser besteht (Wassermoleküle), sind nur lose miteinander verbunden. Sie können sich frei bewegen. Steckst du deinen Fuß ins Wasser, legen sich diese Teilchen wie eine dünne Schicht um ihn. Das empfindest du dann als »nass«.

Warum tun Bauchklatscher weh?

Wie du ja schon weißt, besteht Wasser aus vielen kleinen Teilchen. Steigst du vorsichtig ins Wasser, werden diese ganz langsam zur Seite geschoben. Springst du aber hinein, müssen die Teilchen ganz schnell Platz machen. Da sie das nicht schaffen, erscheint die Wasseroberfläche hart!

Auf der Erde gibt es rund 1 Trilliarde Liter Wasser. Das ist eine 1 mit 21 Nullen!

Wieso schrumpelt Haut in der Badewanne?

Die Haut an deinen Fingern und Füßen unterscheidet sich vom Rest deiner Haut. Sie ist hier viel dicker. Das ist auch gut so, denn diese Stellen sind großen Belastungen ausgesetzt: Wir greifen und fühlen mit den Fingern, laufen und stehen auf den Füßen. Wenn du nun lange Zeit im Wasser planschst, saugt diese dicke Haut viel Wasser auf und dehnt sich aus. Es entsteht die wellige Schrumpelhaut. Doch keine Sorge: sie bildet sich schnell wieder zurück.

Kälte & Wärme

Warum gibt es kalte und warme Tage?

Unsere Erde dreht sich um die Sonne. Die Erdachse steht aber nicht gerade in Richtung Sonne, sondern etwas schief. Dadurch scheint die Sonne nicht immer im gleichen Winkel auf die Erde. Im Sommer ist die Erde der Sonne zugeneigt. Dann haben wir viele warme Tage. Im Winter ist es dagegen genau umgekehrt.

Warum ist Eis rutschig?

Auch wenn es draußen richtig kalt ist: Oben auf dem Eis befindet sich immer eine ganz dünne Wasserschicht. Diese reicht aus, um auf dem Eis rutschen und gleiten zu können. So ähnlich wie auf einer Wasserrutsche. Doch Vorsicht, man kann auf dieser Wasserschicht auch ganz leicht ausrutschen!

Wusstest du,

- dass beim Schlittschuhlaufen oder Rodeln der Wasserfilm durch den Druck und die Reibung vergrößert wird? Dann kann man noch besser gleiten.
- dass sich Wasser beim Gefrieren ausdehnt? Eis braucht mehr Platz als Wasser. Darum zerplatzt die Limonadenflasche, wenn sie zu lange im Gefrierfach liegt.
- dass die Erdachse eine gedachte Linie zwischen Nord- und Südpol ist?

Die Sonnenstrahlen versorgen die Erde mit Wärme und Licht.

Sieht jede Schneeflocke gleich aus?

Eine Schneeflocke besteht aus lauter kleinen Schneekristallen. Wenn du genau hinschaust, erkennst du, dass jede Schneeflocke die Form eines sechszackigen Sternes hat. Trotzdem sieht jede Schneeflocke ein klein wenig anders aus. Wolken schweben verschieden hoch am Himmel und die Temperaturen zwischen Wolke und Boden sind immer unterschiedlich. Es ist also sehr unwahrscheinlich, dass zwei Schneesterne denselben Weg zurücklegen. Darum gleicht kein Schneekristall dem anderen.

Luft & Gase

Wie schwer ist Luft?

Überall um dich herum ist Luft. Und wie alle Stoffe, so hat auch Luft ein Gewicht. Die Luft in einer Einliterflasche wiegt etwa so viel wie eineinhalb Gummibärchen. Die Luft drückt auch auf deinen Körper. Doch du spürst den Luftdruck nicht, da du in deinem Körper einen genauso großen Gegendruck hast.

Warum saust der Ballon durchs Zimmer?

Hast du schon einmal einen Luftballon aufgeblasen und dann den Finger von der Öffnung genommen? Der Ballon saust jetzt durch das Zimmer, weil die ausströmende Luft eine Kraft auf den Ballon ausübt. Diese Kraft nennt man Rückstoß. Je mehr Luft in dem Ballon war, desto stärker ist der Rückstoß.

Wusstest du,

- dass alle Menschen, Tiere und Pflanzen Luft zum Leben brauchen?
- dass es auf dem Mond keine Luft gibt?
- dass ein Wasserkessel so ähnlich funktioniert wie eine Flöte? Durch den Wasserkessel wird aber keine Luft geblasen, sondern Wasserdampf.
- dass auch Flugzeuge und Raketen durch Rückstoß angetrieben werden?

Wenn das Wasser kocht, verdampft es: Es wird gasförmig.

Warum schwebt ein Heißluftballon?

Wunderschön sieht es aus, wie die riesigen Heißluftballons am Himmel schweben. Warum fallen sie nicht herunter? Dazu musst du wissen: Heiße Luft steigt nach oben. Die Luft in den Ballons wird mit einer Gasflamme erwärmt. Jetzt ist sie leichter als kalte Luft, steigt auf und nimmt den Ballon mit nach oben. Kühlt die Luft wieder ab, wird sie dichter und damit schwerer. Sie sinkt abwärts. Soll der Ballon sinken, wird einfach eine Klappe geöffnet, durch die warme Luft entweichen kann.

Licht & Schatten

Kann ich meinen eigenen Schatten fangen?

Das Licht bewegt sich immer geradeaus. Ein Schatten entsteht dann, wenn etwas im Weg des Lichts steht. Dann sieht man das Abbild dieses Gegenstands dunkel an der Wand oder auf dem Boden. Was auch immer du tust, der Schatten macht es ebenfalls. Darum kannst du deinen eigenen Schatten nicht fangen.

Warum sind nachts alle Katzen grau?

Um sehen zu können, benötigen unsere Augen Licht. Im Dunkeln sind wir aber nicht blind. Die Augen gewöhnen sich an die Dunkelheit und man kann Gegenstände und Umrisse erkennen. Nur Farben sind im Dunkeln kaum zu unterscheiden. Deshalb sagt man: »Nachts sind alle Katzen grau.«

Wusstest du,

- dass die Dunkelheit eine besondere Eigenschaft hat? Sie lässt dich deine anderen Sinne stärker spüren. Du hörst zum Beispiel alles besser.
- dass man mit dem Schatten auch spielen kann?
- dass Lichtstrahlen, die an ein Hindernis gelangen, entweder reflektiert, gebrochen oder gestreut werden?
- dass es sichtbares und unsichtbares Licht gibt?

Im Augenhintergrund hat die Katze eine spiegelnde Schicht, die das Licht zurückwirft.

Warum leuchtet der Himmel manchmal bunt?

Polarlichter färben den Nachthimmel rot, grün und blau. Bei uns bekommt man dieses Naturwunder nur ganz selten zu sehen. Die Menschen in Sibirien, Skandinavien oder Grönland können Polarlichter dagegen häufig beobachten. Polarlichter entstehen, wenn die Sonne sehr aktiv ist. Man kann Polarlichter vor allem in den Wintermonaten erleben. Im Sommer sind die bunten Lichtspiele meist nicht zu sehen, weil in dieser Zeit der Himmel zu hell ist.

Töne & Schall

Warum kann ich Töne nicht sehen?

Die Schulglocke, das Hundebellen oder die Musik: Alle Töne und Geräusche bringen die Luft zum Schwingen. Es entstehen Schallwellen, die die Luft in unser Ohr trägt. Und das Ohr schickt sie weiter an das Gehirn. Schallwellen kannst du weder schmecken noch riechen oder sehen. Trotzdem sind sie überall um dich herum!

Wieso plappert mir das Echo alles nach?

HAAALLO! Auch wenn du im Gebirge oder unter einer Brücke ganz laut rufst, entstehen Schallwellen. Die Schallwellen breiten sich in der Luft aus, prallen aber an den Fels- oder Brückenwänden wieder ab und kommen als Echo zu dir zurück: HAAALLO!

Wusstest du,

- dass es tiefe und hohe Schallwellen gibt? Ganz hohe Schallwellen, Ultraschallwellen, kann unser Ohr (meist) nicht hören.
- dass wir immer hören, auch im Schlaf? Sonst würdest du vom Wecker nicht wach werden!
- dass dein Trommelfell durch die Schallwellen in Schwingung gerät? Diese Bewegungen werden ans Gehirn geleitet. Du nimmst sie als Töne oder Geräusche wahr.

Weshalb knallt es im Himmel manchmal?

Der Schall legt in der Luft rund 1.200 Kilometer in der Stunde zurück. Fliegt ein Flugzeug schneller, durchbricht es die Schallmauer. Dann gibt es einen lauten Knall im Himmel. Der entsteht, weil sich die Schallwellen beim Flugzeug aufgestaut haben. Der Pilot merkt davon kaum etwas. Das Flugzeug ruckelt nur ein wenig. Dass sich Schallwellen mit großer Geschwindigkeit ausbreiten, kannst du selbst feststellen. Blas einen Luftballon auf und lass ihn zerplatzen. Du wirst den Knall sofort hören!

Ein Flugzeug durchbricht die Schallmauer.

Kräfte

Wusstest du,

- dass wir ohne Schwerkraft keine Getränke einschenken und keine Postkarte in einen Briefkasten werfen könnten?
- dass dort, wo keine Schwerkraft wirkt, Schwerelosigkeit herrscht?
- dass du beim Achterbahnfahren häufig das Gefühl der Schwerelosigkeit erlebst?
- dass selbst eine schwere Eisenkugel springt, wenn sie auf eine harte Stahlplatte fällt?

Warum fallen alle Dinge auf den Boden?

Wenn du in die Luft springst, fliegst du nicht davon, sondern landest automatisch wieder auf dem Boden. Auch der Ball, den du in die Luft wirfst, landet wieder auf dem Erdboden. Diese Kraft, die uns und alle Gegenstände nach unten zur Erde hin zieht, nennt man Schwerkraft oder Gravitationskraft.

Weshalb steigt ein Drachen?

Halte ein großes Blatt Papier vor deinen Mund. Es hängt schlapp nach unten! Dann puste so kräftig wie möglich an der Oberseite des Blattes entlang. Das Blatt hebt sich nach oben und flattert in der Luft, denn durch das Pusten hast du für Auftrieb gesorgt. Das ist die Kraft, die auch den Drachen nach oben zieht.

Im Frühjahrs- oder Herbstwind kannst du besonders gut einen Drachen steigen lassen.

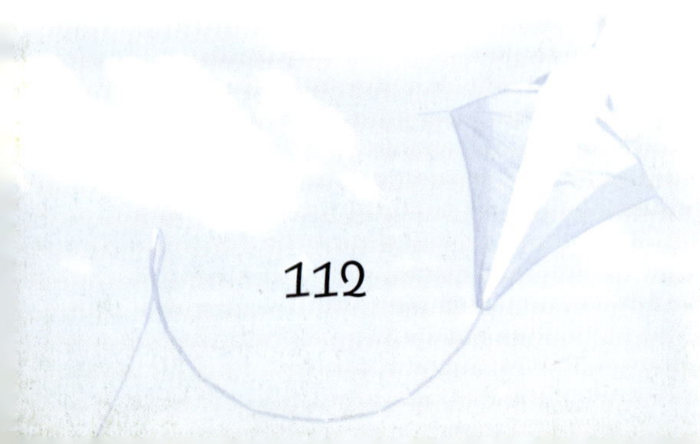

Wieso springt ein Ball wieder vom Boden?

Ein Ball springt hoch, weil er beim Aufprall eine Delle bekommt. Die Delle siehst du nicht, weil sie sofort wieder rausgeht. Soll der Ball springen, muss er außerdem auf etwas prallen, das er nicht verformen kann.
Wirf einmal einen Ball in ein Kopfkissen. Jetzt springt er nicht, weil der Stoß des Balles das Kissen verformt. Nun hat das Kissen die Delle und nicht der Ball! Am besten springt ein Ball, wenn er ganz fest aufgepumpt ist und auf einen möglichst harten Boden aufprallt.

Strom

Was ist Strom?

Stell dir mal vor, es gäbe keinen Strom! Dann könntest du kein Eis schlecken und der Fernseher wäre rabenschwarz. Ohne Strom ist unser tägliches Leben nicht mehr vorstellbar. Strom ist elektrische Energie. Die fließt zum Beispiel, wenn du beim Aussteigen aus dem Auto »eine gewischt« bekommst.

Wie wird Strom produziert?

In der Natur gibt es viele Stromquellen: die strahlende Sonne, ein wilder Fluss oder ein tobender Wirbelsturm. Überall steckt Energie drin. Diese wird in großen Kraftwerken in elektrische Energie umgewandelt. Dort erzeugen Generatoren aus Sonne, Wind, Wasser, Kohle oder Uran Strom.

Wusstest du,

- dass es über 1,5 Millionen Kilometer Stromleitungen in Deutschland gibt?
- dass man heute noch Strom sagt, weil man sich früher den Transport von elektrischer Energie wie das Strömen von Wasser vorgestellt hat?
- dass der direkte Kontakt mit Strom dein Herz aus dem Rhythmus bringen könnte? Das ist sehr gefährlich. Also niemals ein kaputtes Gerät an die Steckdose anschließen!

Wie kommt der Strom in die Steckdose?

Der in Kraftwerken produzierte Strom wird durch lange, dicke Leitungen in alle Richtungen verteilt. Auch zu dir nach Hause wird er geschickt. Diese Leitungen sind an hohen Masten befestigt. Das ist auch gut so. Denn würdest du sie anfassen, würde dich der in ihnen fließende Strom töten! Die Leitungen führen zu allen Städten und Dörfern. Dort werden sie unterirdisch verlegt und in dein Haus geführt. Wie ein großer Kabelsalat geht es dann weiter zu jeder Steckdose oder Lichtquelle.

In solchen Kabeln wird Strom transportiert.

Farben

Wie kommt die Farbe in den Regenbogen?

In einem Regenbogen siehst du das Sonnenlicht. Denn in dem weißen Sonnenlicht sind alle Farben des Regenbogens enthalten: Rot, Orange, Gelb, Grün, Blau und Violett. Die Regentropfen brechen das weiße Sonnenlicht und trennen es in die einzelnen Farben auf. So entsteht der wunderschöne bunte Bogen!

Sind Schwarz und Weiß auch Farben?

Es gibt bunte Farben wie Grün oder Orange. Schwarz, Grau und Weiß sind nicht bunt. Trotzdem werden sie meist als Farben bezeichnet. Man nennt sie auch »unbunte« Farben. Mischst du bunte Farben mit Schwarz oder Weiß, erhältst du wieder neue Farben: Rot und Weiß ergibt beispielsweise Rosa.

Wusstest du,

- dass es Menschen gibt, die Probleme beim Erkennen von Farben haben? Diese Menschen sind farbenblind.
- dass es Tarnfarben gibt? Einige Tiere sind so gefärbt, dass sie sich von ihrer Umgebung kaum abheben. Diese Tarnung schützt sie vor Feinden.
- dass die bunten Farben unser Leben verschönern? Stell dir mal vor, wie traurig es aussehen würde, wenn alles nur Schwarz oder Weiß wäre!

Die Farben des Regenbogens haben immer die gleiche Reihenfolge.

Und wie viele Farben gibt es?

Rot, Blau und Gelb sind die Grundfarben oder Primärfarben. Die drei Farben lassen sich nicht durch Farbmischungen erzielen. Wenn man diese Grundfarben mischt, erhält man alle anderen bunten Farben. So gibt zum Beispiel Gelb und Blau Grün. Aus den Mischungen können unendlich viele Farben entstehen. Sogar mehr Farbtöne, als unser Auge unterscheiden kann. Wusstest du, dass die Farben allein durch unser Gehirn erzeugt werden? In der Natur gibt es die Farben, die du siehst, überhaupt nicht!

ABC

Warum gibt es große Buchstaben?

GrOßE uNd KlEiNe BuChStAbEn ErLeIcHtErN dAs LeSeN. Wörter am Satzanfang werden immer groß geschrieben. Du siehst beim Lesen sofort: Hier beginnt ein neuer Satz, ich muss auf die Betonung achten! Außerdem werden durch die Großschreibung bestimmte Wörter gekennzeichnet, etwa Namen und Substantive.

Welche Buchstaben braucht man oft?

Unser Alphabet hat 26 Buchstaben. Die Buchstaben kommen in den Wörtern unterschiedlich oft vor. So trifft man das Q nur ganz selten an. Der häufigste Buchstabe ist das E. Alles Quatsch? Überprüf einmal, welche Buchstaben in diesem Text am häufigsten vorkommen. Kannst du einen Satz ohne E schreiben?

Wusstest du,

- dass andere Sprachen unterschiedlich viele Zeichen in ihrem Alphabet haben? Die griechische Schrift hat 24 Buchstaben, die russische Schrift sogar 33!
- dass es in der chinesischen Sprache keine Buchstaben gibt? Hier verwendet man Schriftzeichen für die Worte.
- dass man die ersten Buchstaben eines Namens Initialen nennt? Pippi Langstrumpf hat die Initialen PL.

Unser Alphabet nennt man auch das Abc.

Wer hat das Alphabet erfunden?

Vor etwa 3600 Jahren entstand im Nahen Osten das erste Alphabet. Es hatte 22 Buchstaben. Durch seefahrende Kaufleute erfuhren dann auch andere Völker von dieser tollen Erfindung. Seinen Namen hat das Alphabet von den Griechen bekommen. Im Griechischen heißen nämlich die ersten beiden Buchstaben alpha und beta. Und warum wurden die Buchstaben in eine feste Reihenfolge gebracht? Das ist doch sehr praktisch! Sonst würdest du in Lexika oder Telefonbüchern ewig suchen.

AROBBIE

Zahlen

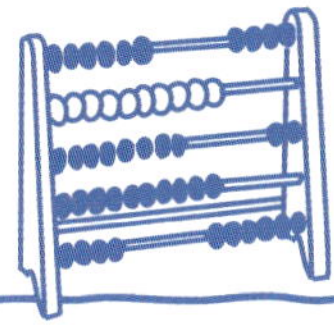

Wusstest du,

- dass du jeden Tag Zahlen verwendest: in der Schule, beim Einkaufen, beim Spielen?
- dass du mit nur zehn Ziffern (0, 1, 2, 3, 4, 5, 6, 7, 8, 9) jede Zahl schreiben kannst?
- dass früher römische Ziffern verwendet wurden? Die Römer schrieben zum Beispiel die Zahl 27 so: XXVII.
- dass man die Wissenschaft von den Zahlen Mathematik nennt?

Wer hat eigentlich die Zahlen erfunden?

Schon vor sehr langer Zeit hatten die Menschen den Wunsch, etwas zu zählen. Sie wollten zum Beispiel prüfen, ob noch alle Ziegen im Stall sind. Oder sie zählten die Tage und Jahre. Früher machten sie dafür Kerben in einen Holzstab. Heute schreiben wir die Zahlen mit arabischen Ziffern: 1, 2, 3 …

Und welches ist die höchste Zahl?

Es gibt unendlich viele Zahlen. Darum gibt es auch keine höchste Zahl. Eine Zahl wäre dann die allerhöchste, wenn man keine andere Zahl mehr hinzuzählen könnte. Aber zu allen Zahlen, die bekannt sind, kann man immer noch eine Eins dazuzählen: 0 + 1, 1 + 1, … Das kannst du unendlich lange weiterführen!

Ein Taschenrechner erleichtert dir das Rechnen.

Rechneten die Menschen früher alles im Kopf aus?

Das Zusammenzählen langer Zahlenreihen ist ziemlich langweilig. Darum haben die Menschen schon sehr früh damit begonnen, sich das Rechnen durch Hilfsmittel zu erleichtern. Eine frühe Rechenhilfe war der sogenannte Abakus. Er ist bereits seit Tausenden von Jahren in Gebrauch. Ein Abakus besteht aus einem Rahmen mit aufgereihten Steinen oder Perlen, die verschoben werden können. Schau mal nach: Habt ihr einen Abakus bei euch in der Schule?

Zeit

Ist es überall auf der Erde gleich spät?

Wenn du aufstehst und frühstückst, müssen die Kinder auf der gegenüberliegenden Seite der Erde ins Bett gehen. Da die Erde sich um sich selbst und gleichzeitig um die Sonne dreht, wendet sie der Sonne immer einen anderen Teil zu. Dadurch ist nicht überall auf der Erde die gleiche Uhrzeit.

Wer hat die Zeit entdeckt?

Die Zeit musste nicht erfunden werden. Es gab sie schon immer. Aber die Menschen haben Messinstrumente erfunden, um die Zeit in Stunden, Tage und Jahre einzuteilen. Schon bevor es Kalender und Uhren gab, haben Menschen die Zeit gemessen. Sie orientierten sich dafür zum Beispiel am Stand der Sonne.

Wusstest du,

- dass man die Zeit, die noch vor uns liegt, Zukunft nennt? Tritt sie ein, wird sie zur Gegenwart. Und im nächsten Augenblick ist sie schon Vergangenheit!
- dass man früher die Zeit nicht so genau gemessen hat wie heute? Sonnen-, Wasser- oder Sanduhren zeigen keine Sekunden und Minuten an!
- dass es 24 Zeitzonen gibt? Innerhalb einer Zeitzone gilt immer die gleiche Uhrzeit.

In Sanduhren rieselt Sand in bestimmter Zeit durch ein Glas.

Gibt es einen Tag, der nur 23 Stunden hat?

Du glaubst, ein Tag hat immer 24 Stunden? Es gibt einen Tag im Jahr, der nur 23 Stunden hat. Das ist immer der letzte Sonntag im März. Dann werden die Uhren auf die Sommerzeit umgestellt: Der Zeiger wird um zwei Uhr früh auf die Drei vorgerückt. Erst am letzten Sonntag im Oktober erhalten wir die »gestohlene« Stunde zurück: Steht der Zeiger auf drei Uhr nachts, wird er auf die Zwei zurückgedreht. Dieser Tag hat dann sogar 25 Stunden!

Fernseher

Wo ist die Zeit geblieben?

Fernsehen ist ein richtiger Zeiträuber. Wenn du zu lange vor dem Fernseher sitzt, hast du viel zu wenig Zeit für deine Hobbys und deine Freunde. Und du bewegst dich in dieser Zeit kaum. Kinder müssen aber hüpfen, rennen, springen und toben, damit sie gesund groß werden. Also Hände weg von der Fernbedienung!

Darf ich alles im Fernsehen anschauen?

Auch am Nachmittag gibt es Sendungen, die nur für Erwachsene geeignet sind. Für Kinder sind sie zu schwer zu verstehen. Außerdem passieren in diesen Sendungen oft Dinge, die Kindern Angst machen können oder sie überfordern. Am besten, du wählst das Programm immer gemeinsam mit deinen Eltern aus.

Wusstest du,

- dass die elektrischen Signale immer in der Luft sind? Auch wenn du den Fernseher ausschaltest.
- dass Fernsehprogramme oft über sehr große Entfernungen übertragen werden? Dann werden die Signale über Nachrichtensatelliten geleitet, die im All um die Erde kreisen.
- dass für einen Zeichentrickfilm Tausende verschiedener Zeichnungen angefertigt werden müssen?

Riesige Satellitenschüsseln senden und empfangen Fernsehsignale.

Wie kommen die Bilder eigentlich ins Fernsehen?

Fernsehkameras nehmen Bilder und Töne auf und wandeln sie in elektrische Signale um. Diese Signale werden dann von einer Sendeantenne durch die Luft geschickt. Eine Empfangsantenne fängt sie wieder auf. Euer Fernseher erhält die Signale von der Antenne durch ein Kabel und wandelt sie im Gerät wieder in Bilder und Töne um. Wenn du dann deine Lieblingssendung einschaltest, siehst du bunte Bilder und hörst viele verschiedene Töne.

Musik-CDs

Wie kommt die Musik von der CD?

Auf einer Compactdisc (CD) sind unzählige kleinere und größere Vertiefungen. Man nennt sie Pits. Sie sind so winzig, dass du sie mit dem bloßen Auge gar nicht erkennen kannst. Eine CD speichert Musik in Form dieser Pits. Beim Abspielen tastet ein Laserstrahl die Vertiefungen auf der sich drehenden Scheibe ab.

Kommt nur Musik auf eine CD?

Auf einer CD kann nicht nur Musik gespeichert werden. Auch riesige Mengen von Texten und Bildern lassen sich auf einer CD festhalten. Solch eine CD heißt CD-ROM. Mit einem Computer kann man den Inhalt einer CD-ROM lesen und hören. Mittlerweile gibt es auch viele tolle Lernprogramme auf CD-ROMs.

Wusstest du,

- dass die Technik, Musik auf CDs zu speichern, noch nicht sehr alt ist? Sie wurde zu Beginn der 1980er Jahre entwickelt. Die CD löste die Schallplatte ab.
- dass CDs einen Durchmesser von 12 Zentimetern und ein Gewicht von 15 Gramm haben?
- dass man CDs immer nur am Rand anfassen soll? Wenn CDs nämlich verkratzt oder verschmutzt sind, kann ein CD-Player sie nicht mehr lesen.

Zum Abspielen einer CD brauchst du einen CD-Player.

Kennst du schon MP3?

Man kann sich CDs kaufen oder ausleihen. Man kann sich aber auch Musik aus dem Internet herunterladen. Internet-Musik ist im sogenannten MP3-Format gespeichert. Mit dieser Technik können die Musikstücke besonders platzsparend auf dem Computer untergebracht werden. Auch das Herunterladen eines Liedes geht viel schneller. Wenn man sich Musik aus dem Internet herunterlädt, muss man dafür bezahlen. Wer sich Musik illegal herunterlädt, macht sich strafbar.

Telefon

Wie funktioniert ein Telefon?

Beim Telefon wird Sprache in einem Mikrofon in elektrische Schwingungen umgewandelt und durch eine Leitung oder mit Funktechnik blitzschnell zu einem anderen Telefon übertragen. Dort werden die Schwingungen im Hörer wieder in Tonsignale zurückverwandelt.

Kann man mit Handys nur telefonieren?

Handys sind drahtlose Telefone. Sie sind so klein und leicht, dass man sie überallhin mitnehmen kann. Man kann mit ihnen nicht nur telefonieren. Mit vielen modernen Handys kann man auch Fotos machen, E-Mails verschicken, Musik hören oder man kann sie zum Spielen benutzen.

Wusstest du,

- dass das Telefonnetz die ganze Welt umspannt?
- dass jede Telefonnummer weltweit nur einmal vorkommt?
- dass eine SMS ein kurzer Text ist, den man mit einem Handy verschicken und empfangen kann?
- dass es früher ein »Fräulein vom Amt« gab, das die Gesprächspartner von Hand verbunden hat? Heute geht das automatisch.

Moderne Handys können sogar Videos senden und empfangen.

Brauchen auch Kinder ein Handy?

An jeder Ecke klingeln sie: die Handys. Das nervt manchmal ganz schön! Auch viele Kinder haben mittlerweile ein eigenes Handy. So sind sie für die Eltern immer erreichbar. Und in einem Notfall können sie ganz schnell Hilfe rufen. Ein Handy ist aber kein Spielzeug. Die Gespräche sind sehr teuer. Darum sollten Kinder – wenn überhaupt – ein Handy mit Prepaid-Karte haben. Wenn das Guthaben auf der Karte aufgebraucht ist, können sie nur noch angerufen werden.

Computer

Wer muss sich mit Computern auskennen?

Einfach alle Menschen! Ob Computerspiele, Hausaufgaben oder Surfen – Computer sind aus unserem Leben nicht mehr wegzudenken. Es gibt kaum noch einen Beruf, in dem man nicht ab und an am Computer arbeitet. Du findest sie auch dort, wo du sie gar nicht erwartest, zum Beispiel in der Medizin.

Wer hat die Abc-Tasten gemischt?

Diese Anordnung stammt aus einer Zeit, als es noch keine Computer, sondern nur mechanische Schreibmaschinen gab. Beim schnellen Tippen haben sich die Typenhebelarme mit den Buchstaben vorne dran schnell verhakt. Darum wurden Buchstaben, die häufig gebraucht wurden, weit auseinander angeordnet.

Wusstest du,

- dass man tragbare Computer Laptop oder Notebook nennt?
- dass die Computermaus keinen Käse mag? Mit der Maus kann man den Cursor im Monitor bewegen und dem Computer Befehle erteilen.
- dass ein Schachcomputer sogar den allerbesten Schachspieler der Welt besiegt hat?
- dass die ersten Computer so groß wie ein ganzes Zimmer waren?

Mikrochips sind Herz und Kopf eines Computers. Sie können rechnen, Daten speichern und Entscheidungen treffen.

Wie funktioniert das Internet?

Das Internet besteht aus sehr, sehr vielen Computern. Über das Telefonnetz sind sie miteinander zu einem großen Computernetzwerk zusammengeschlossen. Dabei hat jeder Computer eine eigene Internet-Adresse. Die meisten Angebote im Internet beginnen mit »www«. Im Internet kannst du zum Beispiel Spiele oder Musik herunterladen, dich über fremde Länder informieren, mit anderen Kindern chatten (reden) oder einen elektronischen Brief, eine E-Mail, senden oder empfangen.

Flugzeuge

Wieso sind Ohren im Flugzeug »belegt«?

In der Luft herrscht ein ganz bestimmter Luftdruck. Der Luftdruck verändert sich, je nachdem in welcher Höhe du dich gerade befindest. Über den Wolken ist er niedriger als auf der Erde. Darunter leiden deine Ohren. Was ihnen dann hilft: Bonbons, Kaugummis oder Nase verschließen und kräftig schlucken.

Warum gibt es in Flugzeugen Schwimmwesten und keine Fallschirme?

Flugzeuge sind in sehr großen Höhen unterwegs. Hier könnte ein Mensch ohne Schutzhülle nur Sekunden überleben. Fallschirme würden also nichts nützen. Doch Schwimmwesten helfen den Passagieren nach einer Notlandung auf dem Wasser.

Wusstest du,

- dass Flugzeuge zu den sichersten Verkehrsmitteln gehören?
- dass es auch im Himmel Verkehrsregeln gibt?
- dass moderne Flugzeuge einen Autopiloten haben? Dadurch können sie zum Beispiel automatisch landen.
- dass es sogar Flugzeuge gibt, die senkrecht starten und landen sowie rückwärtsfliegen können?

Dieses Flugzeug nennt man Doppeldecker.

Wieso fallen Flugzeuge nicht vom Himmel?

Es sind zwei Dinge, die ein tonnenschweres Flugzeug fliegen lassen. Zum einen muss es durch einen Motor, der einen Propeller antreibt, schnell vorwärtsbewegt werden. Anstelle des Propellers haben größere Flugzeuge Düsentriebwerke. Außerdem braucht es Flügel, sogenannte Tragflächen. Über diese strömt die Luft so, dass das Flugzeug nach oben gedrückt wird. Darum sind die Tragflächen auf der Oberfläche gewölbt. Die Kraft, die ein Flugzeug in der Luft hält, nennt man Auftrieb.

Autos

Wie funktioniert ein Auto?

Klar, ohne Motor könnte ein Auto nicht fahren! Und Benzin braucht es natürlich auch. Das ist aber noch lange nicht alles. Da fehlt noch die Batterie, die Kupplung, der Verteiler … Moderne Autos bestehen aus vielen tausend Einzelteilen. Und alle Teile müssen genau aufeinander abgestimmt sein.

Warum haben Reifen Rillen?

Reifen mit Rillen verdrängen das Wasser auf nassen Straßen besser als glatte Reifen. Wenn es regnet, liegt auf den Straßen eine dünne Wasserschicht. Beim Fahren muss dieses Wasser von den Reifen weggedrückt werden, sonst könnte man das Auto nicht mehr richtig lenken und bremsen.

Wusstest du,

- dass es in der Anfangszeit des Autos Benzin nur in Drogerien und Apotheken gab?
- dass Raketenautos schneller als der Schall sind? Sie erreichen Geschwindigkeiten von 1000 Kilometern pro Stunde.
- dass Kinder, die jünger als 12 Jahre oder kleiner als 150 Zentimeter sind, im Auto immer auf der Rückbank in Kindersitzen sitzen müssen? Sonst sind sie bei einem Unfall nicht gut geschützt.

Die ersten Autos hatten Holzräder mit Speichen und noch kein Dach.

Stimmt es, dass Autos unserer Umwelt schaden?

Kaum eine andere Erfindung hat unsere Welt so sehr verändert wie das Auto. Inzwischen gibt es Millionen von Autos. Damit die alle fahren können, werden immer mehr Wiesen und Wälder in Straßen und Autobahnen umgewandelt. Außerdem pusten die Autos ihre schädlichen Abgase in die Luft. Diese Abgase stinken nicht nur, sondern verändern auch unser Klima und sind schädlich für Menschen, Tiere und Pflanzen. Darum: Zu Fuß zur Schule zu gehen ist viel besser für die Luft!

Züge

Warum fährt ein Zug auf Schienen?

Eisenräder auf Schienen haben weniger Reibung als Gummiräder auf Straßen. Deshalb kann man mit der gleichen Energie größere Lasten ziehen. Schienen brauchen auch viel weniger Platz als Straßen. Und die Spurführung der Schiene verhindert gefährliche Situationen, die auf Straßen oft zu Unfällen führen.

Wie schnell können Züge fahren?

Am schnellsten sind die Hochgeschwindigkeitszüge. Der deutsche ICE, der japanische Shinkansen und der französische TGV erreichen Höchstgeschwindigkeiten von über 400 Kilometern pro Stunde. Der schnellste Zug der Welt ist der TGV. 2007 stellte ein TGV mit 574,8 Kilometern pro Stunde den Weltrekord auf.

Wusstest du,

- dass die erste Eisenbahn der Welt 1825 in England fuhr?
- dass die erste deutsche Eisenbahn (»Adler«) 1835 von Nürnberg nach Fürth fuhr?
- dass die ersten Lokomotiven von Dampf betrieben wurden?
- dass heute die modernen Züge mit Dieselkraftstoff oder Strom fahren?
- dass es auch Züge gibt, die schweben?

Die meisten Züge fahren auf Schienen.

Wieso darf man nicht auf den Gleisen spielen?

Kinder, die auf Gleisen spielen, bringen sich in Lebensgefahr. Züge sind so leise und schnell, dass man sie oft nicht rechtzeitig bemerkt. Da Züge auf Schienen fahren, können sie nicht ausweichen. Zudem haben sie einen wesentlich längeren Bremsweg als Autos. Muss ein Zug eine Notbremsung machen, können auch die Fahrgäste im Zug verletzt werden. Auch dicht neben dem Gleis darf man nicht spielen. Man kann von dem Sog (Luftstrom), den ein durchfahrender Zug entwickelt, mitgezogen werden.

Schiffe

Woher wissen Seefahrer, wo sie sind?

Früher haben sich Seefahrer an der Sonne und den Sternen orientiert. Heutige Seefahrer haben elektronische und satellitengestützte Messgeräte, um auf dem offenen Meer den richtigen Weg zu finden. An Bord ist auch immer ein Kompass, mit dem man die Himmelsrichtung bestimmen kann, in die man sich bewegt.

Wie bewegt sich ein Schiff vorwärts?

Heute werden die meisten großen Schiffe von Dieselmotoren angetrieben. Früher sorgten dafür noch riesige Dampfmaschinen. Durch den Dampf bewegten sich die Schaufelräder oder eine Schiffsschraube am Heck. Schiffe können aber auch durch Ruder, Paddel oder Segel vorwärtsbewegt werden.

Wusstest du,

- dass auch Knetmasse schwimmen kann, wenn du sie verformst und dabei einen mit Luft gefüllten Hohlraum schaffst?
- dass ein U-Boot über und unter dem Wasser fahren kann?
- dass unsere Erde ein riesiger Magnet ist? Die Kompassnadeln von Schiffen richten sich im Magnetfeld der Erde aus.
- dass Schiffe auf Werften gebaut werden?

Große Containerschiffe haben oft mehr als 4000 Container geladen.

Warum schwimmt ein Schiff auf dem Wasser?

In einem Schiff ist ganz viel Luft. Luft wiegt weniger als Wasser. Sie hat eine geringere Dichte als Wasser. Aber das Schiff ist doch aus schwerem Stahl! Die geringe Dichte der Luft und die Dichte des Stahls ergeben eine mittlere Dichte. Da die Dichte des ganzen Schiffes immer noch geringer ist als die Dichte des Wassers, kann das Schiff schwimmen. Ist ein Schiff aber so schwer beladen, dass seine Dichte größer ist als die des Wassers, dann sinkt es.

Naschereien

Warum wackelt Wackelpudding?

Weil Gelatine drin ist! Gelatine wird aus gekochten Knochen, Häuten und Sehnen von Tieren hergestellt. Gelatine macht nicht nur den Wackelpudding so schön wackelig. Sie ist auch in vielen anderen Lebensmitteln enthalten. Dank ihr lassen sich Gummibärchen biegen und Lakritzschnecken auseinanderwickeln.

Wird Kaugummi aus Gummi gemacht?

Früher wurde Kaugummi tatsächlich aus Gummi hergestellt. Es bestand aus dem milchig-weißen Saft eines Baumes, der im Dschungel von Mittelamerika wächst. Lässt man den Baumsaft hart werden, erhält man einen natürlichen Gummi zum Kauen. Heute wird die Kaumasse aber meist künstlich hergestellt.

Wusstest du,

- dass Gelatine durchsichtig ist und nach gar nichts schmeckt?
- dass es auch Gummibärchen ohne Gelatine gibt?
- dass die Menschen schon immer gerne auf etwas herumgekaut haben, ohne es runterzuschlucken? Früher kauten sie auf Harz, Gräsern oder Körnern.
- dass das Ausspucken von Kaugummi in manchen Ländern hart bestraft wird?

Süßigkeiten beinhalten viel Zucker. Wenn man zu viel davon isst, wird man dick.

Wie kommt das Eis an den Stiel?

Der Holzstiel kommt in das Eis, bevor es gefroren ist. Das kannst du selber ausprobieren: Nimm deinen Lieblingsjoghurt und schieb einfach einen Stiel durch den Deckel in den Joghurt hinein. Nun stellst du den Joghurt über Nacht in das Gefrierfach eures Kühlschranks. Fertig ist ein leckeres (Joghurt-)Eis am Stiel. Auch aus Fruchtsäften kannst du ganz leicht Eis zaubern. Einfach Fruchtsaft in eine Eisform füllen, anfrieren, Stiel hineinstecken, gefrieren – fertig!

Knabbereien

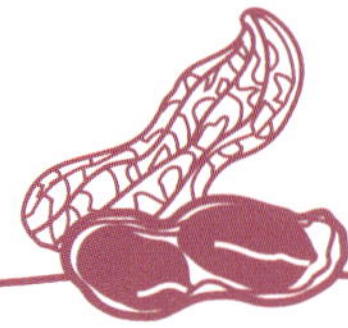

Wie kommt das Salz auf die Salzstangen?

Zuhause benutzt du zum Salzen bestimmt einen Salzstreuer. Auch in den Fabriken, in denen Salzstangen hergestellt werden, gibt es riesige Salzstreuer. Diese streuen die Salzkörner auf den noch nassen Salzstangenteig: So bleiben die Salzkörnchen an den Stangen haften. Erst jetzt werden die Stangen gebacken.

Wie kommt die Erdnuss in die Flips?

Die Erdnüsse kommen erst ziemlich spät in die Flips. Zuerst muss man einen Maisteig herstellen. Der wird auch schon »flipsig« geformt. Auf diese Flips, die noch gar nicht nach Erdnussflips schmecken, kommt dann eine Sauce aus Erdnüssen und Erdnussöl. Und fertig sind die Erdnussflips!

Wusstest du,

- dass in den Kinos häufig »Popcornfilme« laufen? So nennt man auch Filme, die die Zuschauer unterhalten, aber nicht zum Nachdenken anregen.
- dass es ungesalzenes, gesalzenes und gezuckertes Popcorn gibt? In Amerika wird Popcorn häufig mit geschmolzener Butter serviert.
- dass sich Sandkuchen (der aus dem Sandkasten!) aus feuchtem Sand besser formen lässt und er viel länger hält?

Salzstangen und Kartoffelchips sind beliebte Snacks.

Warum kann Popcorn springen?

Plopp, plopp, plopp. Bereitest du Popcorn zu, springen die Maiskörner nach einiger Zeit lustig durch die Gegend. Das liegt daran, dass sich beim Erhitzen das Wasser in den Maiskörnern ausdehnt. Nach einigen Minuten hat das Wasser keinen Platz mehr und die harte Schale hält dem Druck nicht mehr stand: Sie platzt auf. Jetzt springen die Maiskörner wild in der Popcornmaschine oder in eurem Topf herum. Heb nur nicht zu früh den Deckel, denn dann fliegen dir die Maiskörner um die Ohren!

Käse

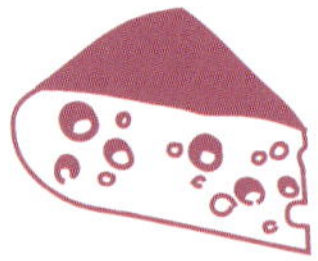

Wie kommen die Löcher in den Käse?

Waren da Bohrer am Werk? Oder etwa Mäusezähne? Nein, die Löcher kommen bei einem Vorgang, der Gärung heißt, in den Käse. Dabei entsteht Kohlensäure, die du vom Mineralwasser kennst. Auch im Käse bilden sich Luftbläschen, die aber nicht raus können. Aus ihnen werden dann die Löcher im Käse.

Warum ist Käse gelb oder weiß?

Käse wird aus Milch von Kühen, Schafen, Ziegen oder Büffeln hergestellt. Und Milch hat – wenn du genau hinschaust – eine gelbliche Farbe. Schau dir einmal die Käsetheke im Supermarkt genau an: Du wirst dort auch Käse mit bläulicher Verfärbung finden. Ist das etwa Schimmel?

Wusstest du,

- dass Mäuse gar keinen Käse essen? Es ist der Geruch, der sie anlockt.
- dass man die Löcher im Käse sogar hören kann, wenn man auf die Rinde des Käses klopft? Ein Käse mit vielen Löchern klingt dann richtig hohl!
- dass Käse im Sommer dunkler ist als im Winter? Im Sommer fressen die Kühe mehr Gras auf der Weide. Und im Gras ist ein Farbstoff (Carotin), der den Käse gelb macht.

Diesen Schimmel nennt man Edelschimmel.

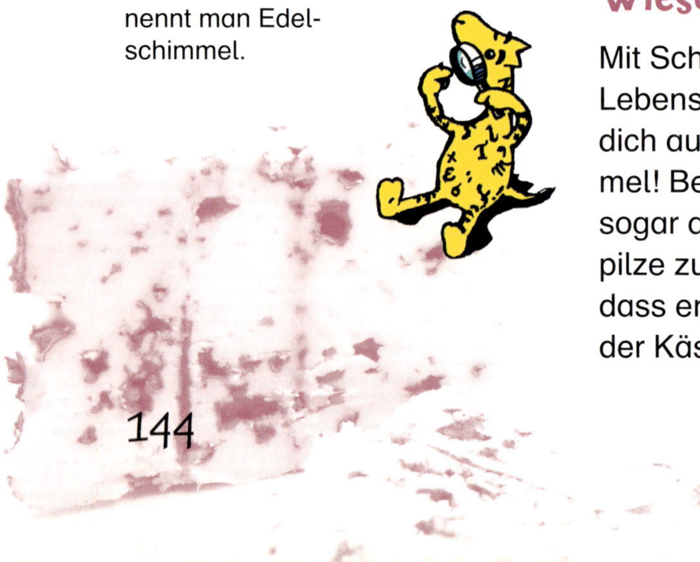

Wieso darf man Schimmelkäse essen?

Mit Schimmel befallenes Essen solltest du wegwerfen. Diese Lebensmittel sehen nämlich nicht nur eklig aus, sondern können dich auch krank machen. Doch Schimmel ist nicht gleich Schimmel! Bei Camembert oder Blauschimmelkäse gehört Schimmel sogar dazu. Ihnen wurden beim Reifen absichtlich Schimmelpilze zugegeben. Der Käse ist dadurch nicht so verschimmelt, dass er verdorben ist. Im Gegenteil: Durch den Schimmel erhält der Käse erst seinen richtig leckeren Geschmack.

Flüssiges

Wie kommen die Perlen ins Wasser?

Bei den aufsteigenden Bläschen, die du im Mineralwasser sehen kannst, handelt es sich um Kohlensäure. Einige Mineralwässer enthalten bereits von Natur aus Kohlensäure. Meistens wird aber bei der Abfüllung Kohlensäure dazugegeben, damit das Wasser erfrischend schmeckt und es richtig schön sprudelt.

Wieso macht man Tee mit heißem Wasser?

Erst durch das heiße Wasser lösen sich die Inhaltsstoffe des Tees auf. Was in Tee so alles drin ist? Vitamine, Mineralstoffe, Gerbsäuren, die den Tee bitter machen, und – außer in Kräuter- und Früchtetees – auch Koffein. Dadurch macht Tee munter. Koffein befindet sich auch in Kaffee und Cola.

Wusstest du,

- dass Mineralwasser aus der Erde sprudelt? Es kommt aus unterirdischen Quellen.
- dass man Kräuter- und Früchtetees unbedingt mit heißem Wasser aufgießen und mindestens 5 Minuten ziehen lassen soll? So werden alle Keime (Bakterien, Pilze) abgetötet.
- dass man Cola auch zum Entrosten verwenden kann? In Cola sind verschiedene Säuren, die von einem Nagel den Rost ablösen.

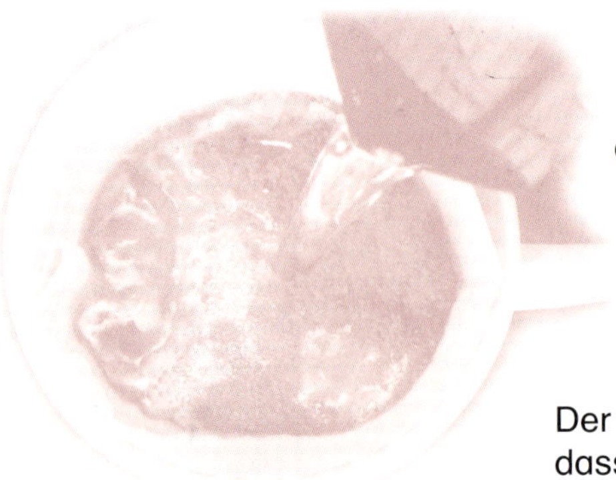

Der Filter verhindert, dass das Kaffeepulver in die Tasse gelangt.

Warum ist Cola nicht gesund?

Cola schmeckt dir vielleicht gut, aber gesund ist sie bestimmt nicht! Denn Cola enthält viel Zucker, der nicht nur dick macht, sondern auch schlecht für deine Zähne ist. Zudem ist in Cola sehr viel Kohlensäure. Dadurch bläht sich dein Magen auf und du kannst Bauchschmerzen bekommen. Und dann enthält Cola noch Koffein. Dieses verursacht bei Kindern Schlafstörungen, Herzklopfen und Magenprobleme.

Haushalt

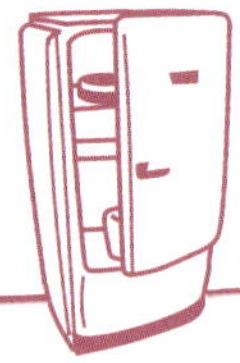

Wer macht das Licht im Kühlschrank an?

Wenn du den Kühlschrank öffnest, geht das Licht an. Schließt du ihn, geht es wieder aus. Wer es wohl ausknipst? Etwa die Tomate? Nein, das Licht schaltet sich automatisch aus, sobald die Tür geschlossen wird. Die Tür drückt beim Zuklappen auf einen Schalter und schon ist es dunkel im Kühlschrank!

Wie wird Reis in der Mikrowelle warm?

Im Innern der Mikrowelle werden Wellen erzeugt, sogenannte Mikrowellen. Du kannst sie weder sehen noch hören oder fühlen. Die Mikrowellen erhitzen das Wasser im Essen, also auch in deinem Reis. Damit der Reis gleichmäßig warm wird, steht er auf einem Drehteller.

Wusstest du,

- dass viele Geräte für den Haushalt erst in den letzten 100 Jahren erfunden wurden?
- dass früher die Menschen ihre Lebensmittel frisch hielten, indem sie diese in Eis lagerten?
- dass man von einer eingeschalteten Mikrowelle Abstand halten soll?
- dass Mikrowellen nur Wasser erwärmen? Darum bleiben Gegenstände ohne Wasser (wie das Geschirr) kalt.

Im Kühlschrank bleiben Lebensmittel länger frisch.

Und wie kommt die Kälte in den Gefrierschrank?

Dazu musst du wissen: Flüssigkeit, die verdampft, entzieht ihrer Umgebung Wärme. In einem Kühlschrank und auch in einem Gefrierschrank fließt ein Kältemittel. Das Kältemittel verdampft und entzieht dabei dem Innenraum die Wärme: In den Geräten wird es kalt. Das Kältemittel verflüssigt sich wieder und der Kühlkreislauf beginnt von neuem. Die entzogene Wärme wird über die Rückwand nach außen abgegeben. Darum ist es hinter den Geräten oft ziemlich warm.

1:00

Seife

Wusstest du,

- dass du Wasser bewegen musst, um Schaum zu erhalten? Lässt du die Seife einfach nur ins Wasser plumpsen, gibt es auch keinen Schaum.
- dass nicht nur in Seifen, sondern auch in Spül- und Waschmitteln Tenside vorkommen? Das steht auch auf der Verpackung. Findest du es?
- dass es Seife schon sehr lange gibt? Früher konnten sich nur wohlhabende Menschen Seife leisten.

Warum macht Seife sauber?

In einem Stück Seife sind Bestandteile mit einem ganz komischen Namen: die Tenside. Diese Tenside kriechen unter den Schmutz und lösen ihn von der Haut. Dann umzingeln die Tenside das Schmutzteilchen und schwimmen mit ihm im Wasser. Und deine Finger sind wieder sauber!

Wieso schäumt Seife?

Wäschst du dir deine Hände oder deinen Körper mit Seife, dann schäumt es oft richtig schön. Es entstehen ganz viele kleine Seifenblasen. Die Seifenblasen sind mit Luft gefüllt. Sie platzen nicht so schnell, weil in der Seife die Tenside sind. Diese legen sich wie eine dünne Hülle um die Luftblasen.

Die Seifenblasen platzen, weil ihre Haut nach und nach dünner wird.

Und weshalb brennt Seife in den Augen?

Baden könnte so viel Spaß machen! Wäre da nur nicht die Seife, die manchmal so schrecklich in den Augen brennt! Wenn sich Seife in Wasser auflöst, entsteht eine Flüssigkeit, die man Lauge nennt. Laugen haben eine »ätzende« Wirkung. Sie können in den Augen oder auf der Haut ein Brennen hervorrufen. Da Seifenlauge eine schwache Lauge ist, spürst du das Brennen nur an empfindlichen Stellen wie den Augen. Es hilft, wenn du diese dann mit klarem Wasser gründlich ausspülst.

Materialien

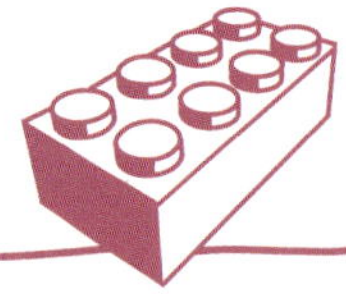

Woraus werden Legosteine hergestellt?

Legosteine bestehen aus Kunststoff. Kunststoffe begegnen dir überall. Du findest sie zum Beispiel am Computer oder in Verpackungen wie Joghurtbechern und Wasserflaschen. Die meisten Kunststoffe werden aus Erdöl gewonnen. Kunststoffe sind sehr stabil. Darum gehen Legosteine eigentlich nie kaputt.

Wo kommt die Wolle her?

Wolle stammt meist vom Fell der Schafe. Die Tierhaare werden gewaschen, gefärbt und getrocknet. Nun werden sie zu langen Wollfäden gesponnen, aus denen Stoffe gewebt werden können. Baumwolle aber wächst auf Sträuchern. Hier werden die Pflanzenfasern zu Garn verarbeitet.

Wusstest du,

- dass Milchglas keine Milch enthält? Es hat seinen Namen von seiner »milchigen« Farbe.
- dass man Kunststoffe wiederverwerten kann? Darum sammeln wir Gegenstände aus Kunststoff in der gelben Tonne.
- dass sich »Lego« aus den dänischen Wörtern »leg godt« zusammensetzt? Auf deutsch bedeutet das »spiel gut«.
- dass auch Ziegen, Kaninchen und Lamas Wolle liefern?

Aus Legosteinen kannst du ganz viele verschiedene Dinge zusammenbauen: Burgen, Autos, Raumschiffe …

Warum ist Glas durchsichtig?

In undurchsichtigen Stoffen wie Eisen oder Stahl herrscht ein richtiges Chaos. Winzige Teilchen, die Elektronen, schwirren pausenlos wild durcheinander. Fällt auf diese Stoffe ein Lichtstrahl, stößt er an die Elektronen und findet nicht mehr hinaus. Er wird »geschluckt«. Bei Glas ist das anders. Hier geht jedes Elektron eine Verbindung mit einem anderen Teilchen ein. Es entstehen winzige Hohlräume, die das Licht ungehindert durchdringen kann. Erst durch das Licht wird Glas durchsichtig.

Stifte

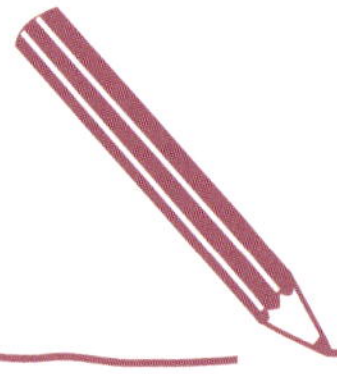

Wie kommt die Mine in den Buntstift?

Für Buntstifte und auch für Bleistifte werden die Minen zwischen zwei Holzbrettchen mit Rillen gelegt. Die Holzbrettchen werden dann zusammengeklebt. Eine Maschine schneidet jetzt daraus die runden Stifte. Schau genau hin: Oft kann man noch sehen, wo der Stift zusammengeklebt ist.

Enthalten Bleistifte wirklich Blei?

Weißt du denn, was Blei ist? Blei ist ein Metall, das an der Luft grau anläuft und sehr weich ist. Auf Papier hinterlässt es einen dunklen Strich. Darum hat man früher mit Blei geschrieben. Heute enthalten Bleistifte kein Blei mehr, sondern ein Gemisch aus ungiftigen Stoffen: aus Ton und Graphit (das ist ein Mineral).

Wusstest du,

- dass die Bleistifte in einem Holzmantel stecken, weil Graphit sehr zerbrechlich ist?
- dass ein Bleistift umso weicher und schwärzer schreibt, je mehr Graphit in dem Stift steckt?
- dass Tafelkreide meistens aus Gips hergestellt wird?
- dass die größte Buntstiftfabrik der Welt in Brasilien steht? Hier werden täglich bis zu fünf Millionen Stifte hergestellt.

In guten Wachsmalstiften ist echter Bienenwachs drin.

Warum kann man Kugelschreiber nicht wegradieren?

Bleistifte sind echt klasse: Wenn man doch einmal etwas falsch geschrieben hat, kann man einfach alles wegradieren. Das funktioniert bei Kugelschreibern nicht. Sie enthalten als Schreibmittel eine Paste. Diese Paste lässt sich nicht wegradieren. Und außerdem verblasst sie nicht. Man sagt, sie ist dokumentenecht. Über eine rollende Kugel wird die Paste auf das Papier aufgetragen. Kugelschreiber haben gegenüber Bleistiften aber auch einen großen Vorteil: Man muss sie nicht anspitzen!

Papier

Wo wächst Papier?

Papier wächst nicht auf Bäumen, aber man braucht sie dafür! Erfunden wurde es vor etwa 2000 Jahren in China. Die Chinesen zerstampften Baumrinde, Hanf oder Stoffreste und gaben Wasser hinzu. Aus dem Brei schöpften sie mit einem Sieb eine dünne Schicht, die sie an der Sonne trockneten: Fertig war das Papier.

Wieso kann man Papier zerknüllen?

Heute wird Papier fast immer aus Holz hergestellt. Manchmal kann man die einzelnen Holzfasern sogar sehen. Wenn du Papier vorsichtig biegst, passiert noch nichts. Doch wenn du das Papier zerknüllst, brechen die kleinen Holzfasern durch. Sie sind dann kaputt. Jetzt hilft auch kein Bügeln oder Pressen mehr!

Wusstest du,

- dass die Chinesen das Verfahren zur Papierherstellung mehrere Jahrhunderte lang streng geheim hielten?
- dass die Menschen zu schreiben begannen, lange bevor Papier erfunden wurde? Sie schrieben auf flachen Steinen, Ton- und Wachstäfelchen, Baumrinde oder auf Holz.
- dass die Papierfasern beim recyceln immer dünner werden? Darum kann man Papier nur 6- bis 7-mal wiederverwerten.

Ist Papier einmal zerknüllt, wird es nicht wieder glatt.

Warum sammeln wir altes Papier?

Papier ist einfach klasse: Es lässt sich bemalen, bekleben, zerschneiden, falten … Inzwischen gibt es Papier für alle möglichen Zwecke: Schreibpapier, Toilettenpapier, Karton, Krepppapier. Auch unsere Geldscheine sind aus Papier. Doch weil wir so viel Papier brauchen, sind unsere Wälder bedroht. Denn wie du ja schon weißt, wird Papier aus Holz gemacht. Darum sammeln wir gebrauchtes Papier, um es erneut zu zerfasern und zu neuem Papier zu verarbeiten. Diesen Vorgang nennt man Recycling.

Klebriges

Wieso klebt Kleber nicht in der Tube fest?

Der Klebstoff klebt auch in der Tube, aber er wird nicht hart. Klebstoff braucht nämlich Luft, um fest zu werden. Lässt du die Tube allerdings offen, kommt Luft an den Klebstoff und nach kurzer Zeit klebt oben an der Öffnung alles zu. Also immer dran denken: Nach dem Gebrauch den Deckel wieder auf die Tube drehen!

Warum kleben Briefmarken?

Viele Briefmarken musst du mit der Zunge ablecken, damit sie kleben. Sie haben auf der Rückseite eine dünne Schicht Klebstoff. Man sagt, sie sind gummiert. Dieser Kleber ist wasserlöslich. Er wird erst klebrig, wenn du ihn befeuchtest. Andere Briefmarken kleben wie Sticker: Einfach abziehen und aufkleben.

Wusstest du,

- dass die Menschen früher den Harz von Tannenbäumen als Kleber benutzt haben?
- dass heute in den meisten Klebstoffen keine Baumharze mehr sind, sondern künstliche Harze? Diese kleben nicht nur besser, sie halten auch viel länger.
- dass viele Kleber schädliche Lösungsmittel enthalten? Deshalb gibt es extra Klebstoff für Kinder, der lösungsmittelfrei und ungiftig ist.

Viele Briefmarken muss man erst ablecken, damit sie kleben.

Und warum ist Zucker klebrig?

Zucker besteht aus kleinen weißen Körnchen, den Zuckerkristallen. Diese Körnchen können ihre Form verändern. Kommen sie mit Feuchtigkeit in Verbindung, lösen sie sich auf und werden klebrig. Zucker klebt also nur, wenn er nass gemacht wird. Unsere Handflächen geben ja auch Feuchtigkeit ab. Darum klebt Zucker an den Fingern. Zucker kannst du beim Backen auch als Kleber verwenden, den du sogar essen kannst! Hast du schon einmal ein Lebkuchenhaus gebaut?

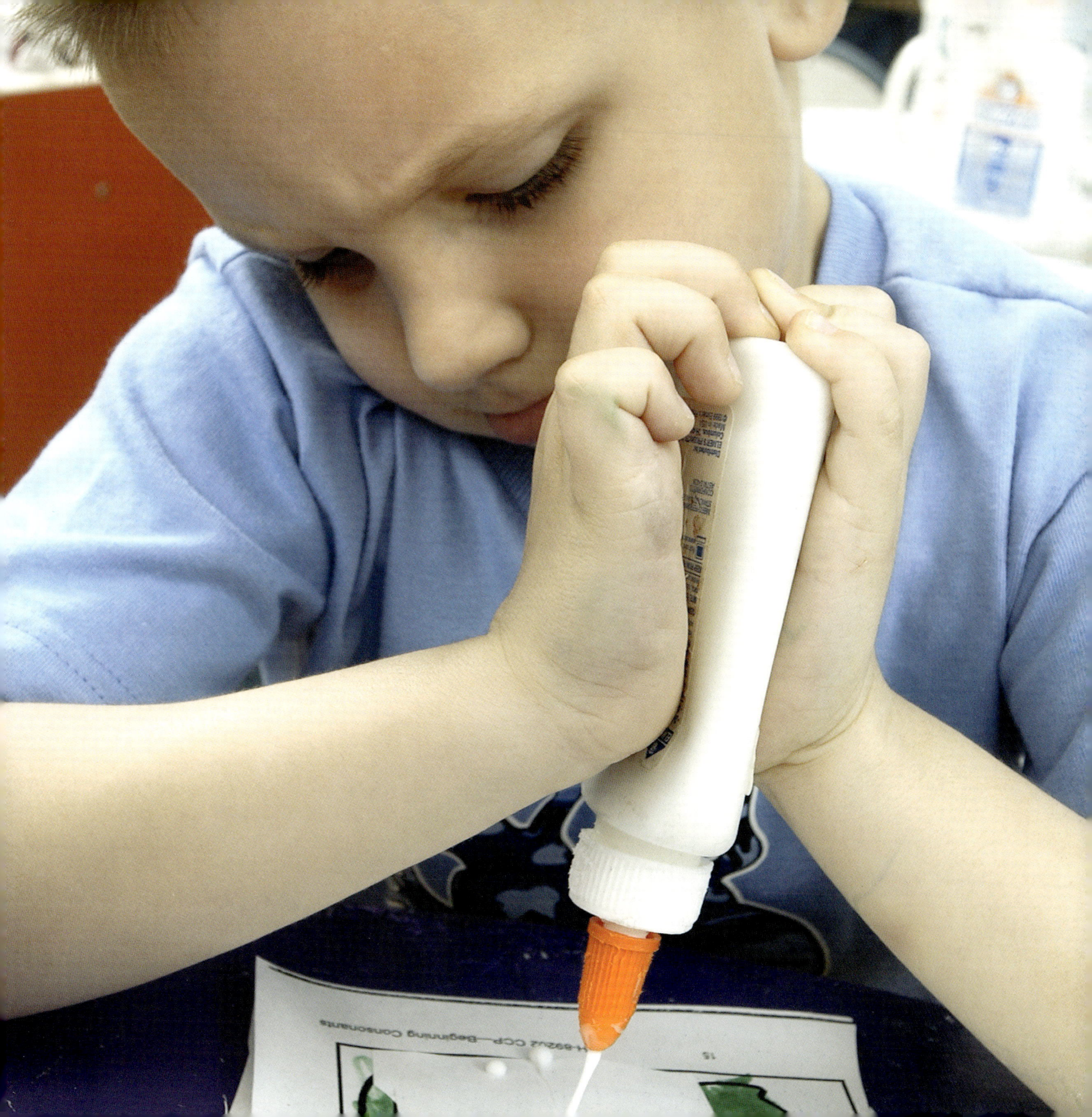
CCP—Beginning Consonants
15

Namen

Hat jeder Mensch einen Namen?

Jeder Mensch braucht einen Namen, damit er nicht verwechselt wird. Und doch gibt es Orte auf der Welt, wo Kinder keinen Namen bekommen. Weil zum Beispiel so viele Kinder geboren werden, dass es den Menschen zu viel wird, immerzu einen neuen Namen auszusuchen. Wie gut, dass du einen Namen hast!

Wieso habe ich auch einen Nachnamen?

Früher lebten fast alle Menschen in kleinen Siedlungen und Dörfern. Da jeder Mensch einen anderen Vornamen hatte, brauchte man keine Nachnamen. Heute leben die meisten Menschen dagegen in großen Städten. Da muss es Nachnamen geben, um die vielen Sophies und Leons auseinanderhalten zu können.

Wusstest du,

- dass es Namensforscher gibt?
- dass viele Nachnamen auch von Orten abstammen?
- dass der Namenstag der Gedenktag des Heiligen ist, dessen Namen man trägt? In vielen katholischen Ländern wird der Namenstag gefeiert.
- dass sich alle Isländer gegenseitig mit dem Vornamen ansprechen? Darum ist das Telefonbuch auch nach Vornamen sortiert.

Hier siehst du drei der häufigsten deutschen Nachnamen.

Und warum heißen so viele Menschen Müller?

Im Mittelalter wurden aus immer mehr Dörfern Städte. Nun gab es plötzlich mehrere Heinrichs in einer Stadt. Um diese nicht zu verwechseln, gab man ihnen häufig einen Beinamen. Sie wurden zum Beispiel nach ihrer Größe Heinrich der Große und Heinrich der Kleine genannt. Oder man nannte die Menschen nach ihrem Beruf: Hans der Schmied, Nikolaus der Müller, Günther der Fischer. Aus diesen Beinamen sind viele unserer heutigen Nachnamen entstanden.

Pauline

Feiertage

Warum gruselt man sich zu Halloween?

In der Nacht vom 31. Oktober auf den 1. November ziehen viele Kinder als Gespenster verkleidet von Haus zu Haus und sammeln Süßigkeiten. Schon die alten Kelten verkleideten sich zu Halloween möglichst gruselig. Sie wollten den »echten« Geistern einen Schrecken einjagen und sie vertreiben: Uuaahh!

Wieso bringt der Osterhase die Ostereier?

So genau weiß das heute niemand mehr. Er macht das erst seit ungefähr 400 Jahren. Vorher haben verschiedene Tiere die Eier gebracht: der Hahn oder der Fuchs in Deutschland, der Kuckuck in der Schweiz und der Storch im Elsass. Vielleicht wurde dann der Hase ausgewählt, weil er ein sehr fruchtbares Tier ist?

Wusstest du,

- dass die Kinder an Halloween rufen: »Trick or Treat« (Streiche oder Süßes)?
- dass Ostern das älteste christliche Fest ist? Die Christen feiern Ostern die Auferstehung Jesu.
- dass man Karneval auch »die fünfte Jahreszeit« nennt?
- dass man früher in der Fastenzeit vor Ostern keine Eier essen durfte? Ostern schmecken sie dann umso besser!

Die bunten Ostereier sind ein tolles Ostergeschenk.

Warum verkleidet man sich zu Fasching?

Früher haben die Menschen zu Fasching oder zur Fastnacht gruselige Masken aufgesetzt und mit Rasseln und Glocken viel Lärm gemacht. Damit wollten sie die bösen Geister und den Winter vertreiben. Heute glauben die meisten Menschen nicht mehr an Geister. Aber es macht ihnen einfach Spaß, sich zu verkleiden und richtig fröhlich zu feiern. Im Rheinland nennt man den Fasching Karneval. Neben Venedig ist auch Rio de Janeiro berühmt für seinen Karneval.

Bräuche

Tragen Schotten wirklich Röcke?

Warum sollen denn nur Mädchen und Frauen Röcke tragen? In Schottland tragen viele Jungs und Männer zu besonderen Anlässen Schottenröcke. Man nennt sie Kilts. Das ist für sie so etwas wie ein Sonntagsanzug. Das Karomuster der Kilts heißt Tartan. Früher hatte jeder schottische Clan sein eigenes Muster.

Wieso essen Chinesen mit Stäbchen?

Chinesische Kinder würden bestimmt fragen: Wieso essen Europäer mit Messer und Gabel? Chinesen finden das Essen mit Stäbchen einfach praktischer. Sie haben die Stäbchen schon vor langer Zeit erfunden. Damals haben noch alle anderen Menschen einfach mit den Händen gegessen.

Wusstest du,

- dass der Schottenrock eine Art Wickelrock ist?
- dass in China alle Speisen schon kleingeschnitten serviert werden? Darum braucht man zum Essen kein Messer.
- dass Chinesen sogar Pudding mit Stäbchen essen?
- dass früher selbst Fürsten und Könige alles mit der Hand gegessen haben? Unsere Gabel ist erst vor rund 400 Jahren in Mode gekommen.

Auch in Japan isst man mit Stäbchen, zum Beispiel Sushi.

Und weshalb fahren Engländer auf der linken Seite?

Der Linksverkehr in England stammt noch aus der Zeit der Ritter. Diese hielten damals ihre Pferde mit der linken Hand am Zügel. Das Schwert führten sie mit der rechten Hand. Darum ritten sie immer auf der linken Wegseite, um einen Angreifer mit dem Schwert gut abwehren zu können. Und diese Regelung wurde einfach nie verändert. Auch in anderen Staaten wie Japan, Australien und Neuseeland fährt man auf der linken Seite.

Steinzeit

Wusstest du,

- dass die Menschen am Anfang der Steinzeit Jäger und Sammler und am Ende der Steinzeit sesshafte Viehzüchter und Ackerbauern waren?
- dass Steinzeitmenschen in Zelten aus Tierfellen oder in Höhlen lebten?
- dass sie Nadeln aus Knochen hatten, mit denen sie Tierhäute vernähten?
- dass nach der Steinzeit die Bronzezeit anfing?

Was hat die Steinzeit mit Steinen zu tun?

Mit Beginn der Steinzeit, vor etwa zwei Millionen Jahren, lernten die Menschen, Werkzeuge und Waffen aus Steinen herzustellen. Darum nennt man diesen Zeitraum Steinzeit. Die Steinzeitmenschen suchten sich sehr harte Steine und stellten aus ihnen Faustkeile, Schaber, Stichel und Steinspitzen her.

Womit spielten Kinder in der Steinzeit?

Kleinere Kinder spielten oft mit Bärenknochen. Größere Kinder mussten viel mithelfen. Sie sammelten zum Beispiel Beeren, Pilze und Nüsse oder halfen beim Enthäuten der Tiere. Hatten sie nichts zu tun, dann spielten sie mit selbstgebauten Speeren eine Jagd nach, bauten sich Höhlen und spielten Verstecken.

Aus der Steinzeit gibt es sehr schöne Höhlenmalereien.

Kannten die Menschen damals schon Feuer?

Die Steinzeitmenschen konnten schon Feuer machen. Sie nutzten das Feuer zum Braten und Kochen, um Licht und Wärme zu erhalten und um wilde Tiere zu vertreiben. Außerdem härteten sie ihre Speerspitzen über dem Feuer. Doch wie machten sie das Feuer? Streichhölzer gab es damals schließlich noch nicht! Die Steinzeitmenschen haben zum Beispiel Feuersteine aneinandergeschlagen, bis sich Funken bildeten. Mit den Funken haben sie dann getrocknetes Gras entzündet.

Altes Ägypten

Wer waren die Pharaonen?

Die Pharaonen waren die ägyptischen Könige. Sie waren sehr reich und wurden wie Götter verehrt. Manche ließen sich riesige Gräber bauen, die Pyramiden. In diesen hat man später ihre Mumien gefunden. Um die Leichen zu erhalten, wurden die toten Körper mit harzbestrichenen Leinenbändern umwickelt.

Wie entstanden die Pyramiden?

Beim Bau einer Pyramide waren viele Tausend Menschen beteiligt: zum Beispiel ein Baumeister, der den Bau überwachte, Handwerker und unzählige einfache Arbeiter. Da man damals noch keine Kräne kannte, weiß man bis heute nicht genau, wie die Menschen solche riesigen Steine auftürmen konnten.

Wusstest du,

- dass zum Beispiel Ramses, Tutanchamun und Cheops berühmte Pharaonen waren?
- dass in Mittelamerika Mayas, Azteken und Inkas ebenfalls Pyramiden gebaut haben?
- dass damals die reichen Ägypter sehr viele Sklaven hatten?
- dass nicht alle Menschen im alten Ägypten lesen und schreiben konnten? Darum gab es damals den Beruf des Schreibers.

Hieroglyphen wurden in waagerechten oder senkrechten Reihen geschrieben.

Was sind Hieroglyphen?

Die alten Ägypter hatten noch kein Papier. Sie schrieben auf Papyrus. Das ist eine Art Gras. Sie benutzten eine Bilderschrift, die Hieroglyphen. Diese Schrift sieht sehr schön aus. Jede Hieroglyphe stellt einen Menschen, ein Tier oder einen Gegenstand dar. Die Schrift war schwer zu lernen. Darum blieb sie den Wissenschaftlern auch lange rätselhaft. Schreibst du manchmal in Hieroglyphen? So nennt man nämlich heute noch eine Schrift, die man kaum lesen kann.

Ritter

Wie wurde man Ritter?

Nur der Sohn eines Adligen konnte zum Ritter ausgebildet werden. Mit 7 Jahren begann seine ritterliche Ausbildung. Zuerst arbeitete er als Page. Das ist eine Art Diener bei der Frau eines Ritters. Mit 14 Jahren wurde er Knappe und musste einem anderen Ritter dienen. Mit 21 Jahren erhielt er dann den Ritterschlag.

Tat der Ritterschlag weh?

Für den Ritterschlag musste sich der Knappe vor seinem Herrn niederknien. In einem Eid gelobte er, mutig und tapfer zu sein. Dann berührte ihn sein Herr mit der flachen Seite seines Schwertes leicht am Nacken oder an der Schulter. Nun war der Knappe selbst ein Ritter und ein fröhliches Fest wurde gefeiert.

Wusstest du,

- dass es die Aufgabe eines Ritters war, das Land seines Herrn zu verteidigen?
- dass Ritter in Turnieren ihren Mut und ihre Geschicklichkeit zeigten?
- dass es edle Ritter und grausame Raubritter gab?
- dass auch der Schild den Ritter schützte? Auf dem Schild war das Wappen des Ritters. So wussten die Ritter immer, gegen wen sie kämpften.

Die Ausrüstung eines Ritters war sehr wertvoll.

Warum trugen Ritter eine Rüstung?

Im Kampf trug der Ritter eine Rüstung. Sie schützte ihn vor den Pfeilen, Schwertern und Lanzen der Feinde. So eine Ritterrüstung bestand aus vielen Teilen: zum Beispiel einem Helm, einem Brustpanzer, Arm- und Beinröhren und Eisenschuhen. Sie war ziemlich unbequem und richtig schwer. Eine Ritterrüstung wog bis zu 25 Kilogramm. Im Sommer müssen die Ritter darin ganz schön geschwitzt haben! Beim Anlegen der Rüstung und beim Aufsteigen auf das Pferd half dem Ritter sein Knappe.

Burg

Wer lebte auf einer Burg?

Auf einer Burg lebten Könige oder Adlige mit ihren Familien. Außerdem gehörten zu den Burgbewohnern Mägde und Knechte für Haushalt und Stallungen, bewaffnete Knechte für die Verteidigung und natürlich der Burgvogt, der die Burg verwaltete. Viele Burgen hatten auch eine eigene Schmiede.

Warum haben Burgen Türme?

Von den hohen Türmen aus konnten Angreifer früh gesehen und von oben herab beschossen werden. Ein besonders hoher Turm, der Bergfried, diente als letzter Schutz für die Belagerten, wenn Feinde schon in die Burg eingedrungen waren. Unter einem Turm befand sich oft auch das dunkle, modrige Verlies.

Wusstest du,

- dass Burgen meist auf einen Berg, in einen See oder an einen steilen Felshang gebaut wurden? So boten sie den größten Schutz vor Angriffen.
- dass das Leben auf einer Burg ziemlich hart war? Es gab kaum Heizungen, keine Fensterscheiben und kein elektrisches Licht.
- dass es auf Burgen aber schon Klos gab? Der Sitz war meist eine Steinplatte mit einem runden Loch.

Die Wendeltreppen in Burgen sind immer rechtsherum gewunden.

Aus welchem Grund hatten Burgen eine Zugbrücke?

Burgen sollten die Burgbewohner gegen Feinde schützen. Die Angreifer sollten möglichst erst gar nicht zum Eingang der Burg gelangen. Darum war eine Burg häufig von einem breiten Wassergraben umgeben. Über den Graben führte eine Zugbrücke, die bei Gefahr einfach hochgezogen werden konnte. Jetzt war die Burg von außen nicht mehr zu erreichen. Als zusätzliche Sperre war vor dem Burgtor meist noch ein Fallgitter angebracht. Bei Gefahr konnte es rasch gesenkt werden.

Wikinger

Wusstest du,

- dass die Wikinger gar keine Helme mit Hörnern trugen?
- dass »Wiking« tatsächlich »Piraterie« bedeutet?
- dass die Wikinger noch keine Knöpfe kannten? Sie nahmen Nadeln oder schöne Broschen, um ihre Kleidung zu befestigen.
- dass die Wikinger nach einem erfolgreichen Raubzug immer ein großes, lautes und ausgelassenes Fest feierten?

Wann lebten die Wikinger?

Die Wikinger waren ein Volksstamm, der vor mehr als 1000 Jahren lebte. Sie kamen aus dem Gebiet des heutigen Schweden, Norwegen und Dänemark. Von dort haben sie sich über weite Teile Europas ausgebreitet. Mit ihren Drachenschiffen haben sie sogar den amerikanischen Kontinent erreicht.

Waren alle Wikinger Räuber?

Viele Wikinger waren gefürchtete Krieger. Aber sie gingen nicht immerzu auf Beutezug. Denn die meisten Wikinger waren vor allem auch Händler, Siedler, Bauern und Handwerker. Weil das Land, auf dem sie lebten, so karg war, unternahmen die Männer Raubzüge an fremden Küsten.

Die Wikinger lebten in Holzhäusern, die »Langhäuser« genannt werden.

Welche Boote hatten die Wikinger?

Die Wikinger liebten das Meer und gaben ihm oft wunderschöne Namen, zum Beispiel »glücklicher Ort«. Wikinger waren meisterhafte Seefahrer. Sie hatten viele verschiedene Boote. Etwa dickbauchige Segelschiffe für Handelszwecke oder auch die viel schmaleren Kriegsschiffe. Drachenschiffe waren besonders schnell. Sie konnten bis zu zehn Knoten (18,5 km/h) erreichen. Am Bug dieser Schiffe, also vorne, befand sich meist ein hölzerner Drachen- oder Schlangenkopf.

Piraten

Wer waren die Piraten?

Piraten waren der »Schrecken der Meere«. Sie hielten sich nicht an die Gesetze, überfielen andere Schiffe und stahlen die Fracht. Einige Piraten hatten von ihrem König sogar die Genehmigung, feindliche Schiffe auszurauben und zu versenken. Man nannte sie Freibeuter oder Korsaren.

Wie sahen die Piratenflaggen aus?

Auf einmal ruft der Mann am Ausguck: »Feindliches Schiff in Sicht! Alle an die Kanonen!« Er sieht die schwarze Piratenflagge im Wind flattern. Auf der Piratenflagge war meist ein Totenkopf mit gekreuzten Knochen oder Schwertern. Manchmal war auch ein weißes Skelett daraufgemalt.

Wusstest du,

- dass Piraterie mit dem Tode bestraft wurde?
- dass ein Piratenschiff auf der Suche nach Beute meist die Piratenflagge einzog und eine falsche Flagge hisste?
- dass der wohl berühmteste Pirat Deutschlands Klaus Störtebeker war? Er trieb in Nord- und Ostsee sein Unwesen.
- dass es auch heute noch Piraten gibt, die mit schnellen Booten auf Raubfahrt gehen?

Was machten die Piraten mit dem Schatz?

War ein Piratenschiff nahe genug an ein anderes Schiff gekommen, setzten die Piraten über und raubten die Ladung. Am liebsten hatten sie Gold, Silber oder Edelsteine. Oft bestand der Schatz aber aus Stoffen, Gewürzen, Lebensmitteln oder Waffen. Der Schatz wurde nach festen Regeln unter der Mannschaft aufgeteilt und auf Märkten verkauft. Von dem Erlös kauften sich die Piraten Proviant oder Messer und Pistolen für die nächste Raubfahrt. Vergraben haben sie ihren Schatz meist nicht.

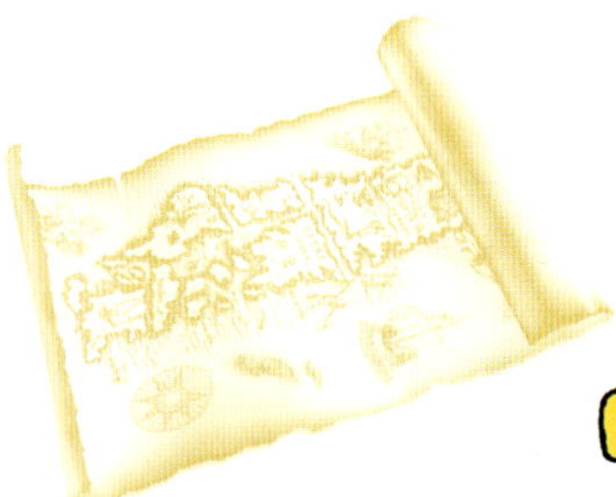

Kennst du dich mit Schatzkarten aus? Zeichne doch mal eine!

Indianer

Wer gab den Indianern ihren Namen?

Vor etwa 500 Jahren wollte der Seefahrer Christoph Kolumbus den kürzesten Seeweg nach Indien finden. Er erreichte tatsächlich ein Land und glaubte bis zu seinem Tod, dass es Indien sei. Deshalb nannte er die Ureinwohner des Landes Indianer. In Wirklichkeit hatte Kolumbus aber Amerika entdeckt!

Wozu hatten die Indianer Totempfähle?

Totempfähle wurden aus Holz geschnitzt. Die Schnitzereien auf dem Stamm zeigen Tiere, Menschen und Geister. Sie erzählen von einer Familie. Der Stamm sollte die Menschen schützen. In Indianerfilmen sieht man häufig, dass Gefangene an Totempfähle angebunden wurden. Das stimmt aber gar nicht!

Wusstest du,

- dass sich die Indianer selbst »Native Americans« oder »First Nations« nennen?
- dass nicht alle Indianer früher in runden Zelten, den Tipis, lebten? Es gab auch Indianer, die in Holz- oder Lehmhäusern oder in kugelförmigen Hütten (Wigwams) wohnten.
- dass weiße Siedler den Indianern ihr Land weggenommen haben? Die meisten Indianer in Nordamerika leben heute verarmt in Reservaten.

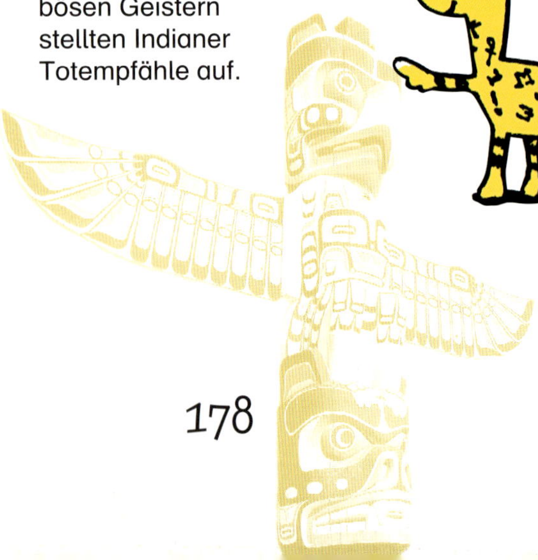

Zum Schutz vor bösen Geistern stellten Indianer Totempfähle auf.

Warum trugen Indianer Federn auf dem Kopf?

Viele Indianerstämme hatten ihren eigenen Federschmuck. Die Federn waren ein wichtiges Zeichen. Daran konnte man erkennen, ob ein Indianer von seinem Stamm geachtet wurde und wie viele Heldentaten er schon vollbracht hatte. Ein Krieger konnte meist nur Häuptling werden, wenn er viele Federn auf seinem Kopf trug. Die besten und mutigsten Krieger durften sich mit Adlerfedern schmücken. Denn der Adler mit seinen scharfen Augen wurde von den Indianern besonders verehrt.

Gott

Glauben alle Menschen an Gott?

Viele Menschen glauben an Gott. Für die Juden, Christen und Moslems gibt es nur einen einzigen, allmächtigen Gott. Es gibt aber auch viele Menschen, die an mehrere Götter glauben, zum Beispiel die Hindus in Indien. Und dann gibt es noch viele Menschen, die gar nicht an Gott glauben. Man nennt sie Atheisten.

Warum glauben Menschen an Gott?

Menschen, die an Gott glauben, verehren ihn und beten zu ihm. Sie glauben, dass er die Welt erschaffen hat und das Schicksal der Menschen lenkt. Gott gibt ihnen Gebote für ein richtiges Leben. Häufig gibt der Glaube an Gott den Menschen Trost, Mut und Kraft. Und er hilft ihnen, vor dem Tod keine Angst zu haben.

Wusstest du,

- dass es auf der Welt viele unterschiedliche Religionen gibt?
- dass es fünf große Weltreligionen gibt? Dazu gehören Judentum, Christentum, Islam, Buddhismus und Hinduismus.
- dass alle großen Religionen ein Gotteshaus haben, in dem die Menschen zu Gott beten können?
- dass unsere Vorfahren nicht nur einen, sondern viele verschiedene Götter verehrten?

In vielen Religionen zünden Menschen Kerzen an. Kerzen gelten als Symbol des Lichts und des Glaubens.

Wie sieht Gott aus und wo wohnt er?

Früher haben Maler und Bildhauer Gott oft die Gestalt eines alten Mannes mit einem langen grauen Bart gegeben. Doch vielleicht sieht Gott auch ganz anders aus. Niemand weiß, welche Gestalt er hat. Wohnt er im Himmel? Vielleicht auf einer Wolke? Oder in der Kirche? Gott kann an allen Orten gleichzeitig sein. Er hat keine bestimmte Adresse. Für die Menschen, die an Gott glauben, ist Gott überall. Auch wenn sie ihn nicht erkennen können, ist er immer da.

Judentum

Wie wird man Jüdin oder Jude?

Das Judentum ist eine Religion. Die Juden sind aber auch ein Volk. Nach den jüdischen Gesetzen ist jedes Kind, das von einer jüdischen Mutter geboren wurde, eine Jüdin oder ein Jude. Auch bezeichnet man Menschen, die zur jüdischen Religion übergetreten sind, als Juden. Es ist egal, in welchem Land sie leben.

Glauben Juden auch an Gott?

Wie die Christen und die Moslems glauben auch die Juden an einen einzigen Gott, der die Welt erschaffen hat. Die Juden nennen ihren Gott Jahwe. Fromme Juden sprechen den Namen aus Ehrfurcht vor der Größe Gottes aber nicht aus. Sie sagen oder schreiben stattdessen das Wort Herr.

Wusstest du,

- dass Juden ihren Gottesdienst in einer Synagoge feiern?
- dass strenggläubige Juden viele Regeln beachten müssen? Sie essen zum Beispiel nur bestimmte reine Dinge, die sie koscher nennen.
- dass manche jüdische Jungen ein Käppchen, die sogenannte Kippah, tragen?
- dass manche jüdische Mädchen eine Kette mit einem Davidstern als Anhänger tragen?

Die Thora ist die wichtigste heilige Schrift der Juden.

Feiern Juden auch das Weihnachtsfest?

Wenn die Christen Weihnachten feiern, feiern die Juden das Chanukka-Fest. Dieses Fest dauert acht Tage. Jede jüdische Familie besitzt einen achtarmigen Kerzenleuchter, den Chanukka-Leuchter. Jeden Tag wird eine Kerze mehr angezündet, bis am Ende alle acht Kerzen brennen. Am letzten Abend trifft sich die ganze Familie mit Freunden. Alle feiern fröhlich und ausgelassen. Es gibt viele leckere Sachen zum Essen und die meisten Kinder bekommen Geschenke und Süßigkeiten.

Christentum

Wusstest du,

- dass die Geburt von Jesus vor ungefähr 2000 Jahren der Beginn unserer Zeitrechnung ist?
- dass in Erinnerung an die Leiden von Jesus Christus in jeder Kirche ein Holzkreuz aufgehängt wird?
- dass es auch Kinder-Bibeln gibt? Die Texte sind so geschrieben, dass Kinder sie leicht verstehen können.
- dass es weltweit ungefähr 2 Milliarden Christen gibt?

Wer war Jesus?

Die Christen glauben, dass Jesus der Sohn Gottes ist. Gott hat ihn auf die Erde geschickt, um den Menschen zu lehren, wie man lebt. Jesus wanderte umher, predigte zu den Menschen und heilte Kranke durch die Kraft des Glaubens. Jesu Lehren und Taten stehen im Neuen Testament.

Warum musste Jesus am Kreuz sterben?

Die Lehren von Jesus störten die Machthaber Palästinas. Sie fürchteten, Jesus könnte das Volk gegen sie aufbringen. Deshalb verurteilten sie ihn zum Tode und nagelten ihn an ein Kreuz. Die Christen glauben, dass Jesus drei Tage nach seinem Tod auferstanden und in den Himmel aufgefahren ist.

Mit der Taufe wird man in die Gemeinde der Christen aufgenommen.

Was ist die Bibel?

Die Bibel ist das heilige Buch der Christen. Eigentlich ist die Bibel gar nicht »ein« Buch. Die Bibel besteht aus vielen verschiedenen Büchern. Diese wurden vor sehr langer Zeit von ganz unterschiedlichen Menschen geschrieben. Die Bibel besteht aus zwei großen Teilen: dem Alten Testament und dem Neuen Testament. In der Bibel stehen ganz viele Geschichten. Darin steht zum Beispiel, wie Gott die Welt erschuf oder wie Noah mit seiner Arche viele Tiere vor einer großen Flut gerettet hat.

Islam

Warum beten Moslems auf Teppichen?

Der Islam ist eine der großen Weltreligionen. Seine Anhänger nennen sich Muslime oder Moslems. Sie können überall beten, etwa zu Hause oder in ihrem Gotteshaus, der Moschee. Das Gebet soll aber an einem sauberen Ort stattfinden. Deswegen rollen sie vor dem Beten einen Gebetsteppich aus.

Beten Moslems auch zu Gott?

Moslems verehren einen Gott, den sie Allah nennen. Sie glauben, dass Allah viele Lehrer und Propheten auf die Erde geschickt hat, beispielsweise Abraham und Mohammed. Das heilige Buch des Islam ist der Koran. Er setzt sich aus 114 Suren (Abschnitte) zusammen. Im Koran stehen zum Beispiel viele Gebete.

Wusstest du,

- dass der Gebetsteppich in die Richtung von Mekka zeigen soll? Um diese Richtung herauszufinden, nehmen Moslems häufig einen Kompass zu Hilfe.
- dass im Fastenmonat Ramadan vom Sonnenaufgang bis -untergang nichts gegessen und getrunken werden darf?
- dass moslemische Kinder am Ende des Fastenmonats mit ihren Eltern das Zuckerfest feiern? Dann gibt es viele süße Gerichte – mmh!

Viele moslemische Frauen tragen die Burka, das traditionelle Kopftuch.

Warum tragen islamische Frauen ein Kopftuch?

Der Islam verlangt von seinen Anhängern, dass sie einige Vorschriften beachten. So müssen sie zum Beispiel fünfmal am Tag beten. Jeder Gesunde muss den Fastenmonat Ramadan einhalten und sollte einmal im Leben nach Mekka pilgern. Viele islamische Frauen tragen Kopftücher, wenn sie das Haus verlassen. Niemand außer ihrer Familie darf ihre Haare sehen. Wenn die Frauen zu Hause sind, bedecken sie ihre Haare aber nicht mehr.

Register

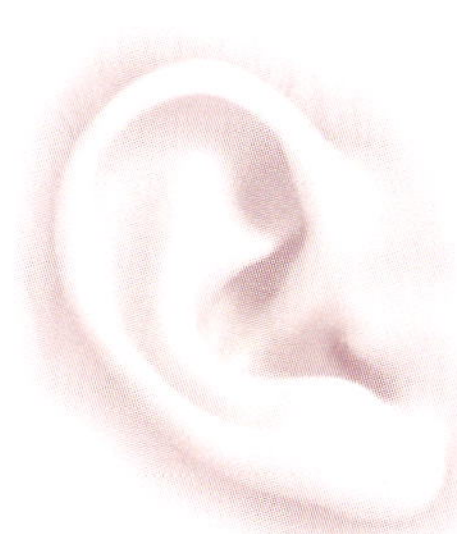

S

T

U

V

W

Z

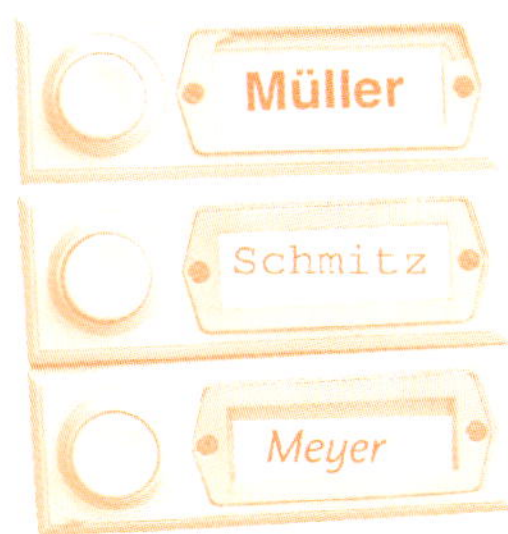

Abbildungsnachweis

aisa, Barcelona: 178; Casio Computer Co. GmbH Deutschland, Norderstedt: 120; Corbis Royalty Free: 24, 150; Daimler-Benz Classic Archiv, Stuttgart: 134; Deutsches Jugendherbergswerk: 88; dpa Picture-Alliance GmbH, Frankfurt: 57/Okapia KG/Reinhard, 146/Weihrauch, 149/Lehtikuva/Airio; Fotolia.com: 46/Burchenkov, 100/Cowan, 123/BilderBox/Wodicka; Getty Images, München-Royaltyfree Photos: 32/Gordon/Cole Group, 140/Budnik/Cole Group, 164/Vereen/Cole Group, 190 M./Budnik/Cole Group; Jupiterimages GmbH/IFA: 7/Canez, 9/Alexandre, 13/Lance, 21/Lance, 35/Lukas, 45/Köpfle, 47/Giel, 49/Maier, 59/NHPA, 61, 63/Pickford, 65/Krahmer, 79/DISC, 91/AP&F, 102/Buschbell, 103/Nacievet, 114/AFLO, 118/Imagez, 131/Millette, 145/Giel, 152/Walsh, 153/Becker, 163/Oertel, 169/Nägele, 188 M./Images, 188 r./Buschbell; Interfoto, München: 56/Hänel, 177/Archiv Friedrich; istockphoto.com: 12/Talby, 16, 30/Nicholas, 39/Wesemann, 104/Robson, 106/Gagne, 108/Wassink, 139/Purcell, 144/Doriy, 156/Diederich, 160/Blomenkamp, 162/Alter, 189 r./Talby, 190 r./Alter, 191 M./Blomenkamp; Mauritius, Mittenwald: 11/Frauke, 15/Photo Researchers, 17/Reik, 19/Westend61, 23/Velten, 25/Alexandre, 27/age, 29/Workbookstock, 31/Stock Image, 33/Photolibrary, 37/Katzer, 43/age, 53/age, 55/Beck, 69/Milse, 85/Frauke, 89/O'Brian, 90/Grinberg, 95/age, 97/IPS, 98/Mattes, 107/Vidler, 109/Steve Bloom Images, 113/Kupka, 115/THFW, 117/Cupak, 119/Westend61, 121/Leiber, 140/age, 142/Rosenfeld, 143/Foodpix, 147/Rynio, 151/Raith, 155/Workbookstock, 157/Velten, 161/Nikky, 165/Vidler, 173, 175/Cubolimages, 183/Vidler; mev/Augsburg: 81, 93, 114, 122, 170, 191 r.; NASA Johnson Space Center, Houston: 71; NASA, Washington DC: 82; Nestle Deutschland AG, Frankfurt: 10; Okapia KG, Frankfurt: 167/NAS/HcHugh; Premium Stock Photography GmbH, Düsseldorf: 64; Quelle Schickedanz AG & Co., Fürth: 148; shutterstock.com: 41/Bailey, 51/Condor 36, 67/Sekulic, 73/Kulyk, 75/Zastol'skiy, 77/Benitende, 83/Yegorius, 87/Sekulic, 99/Busovicki, 101/Tran, 105/Jansa, 116/Syba, 125/Greenland, 127/Dainis, 129/Bateman Photo, 133/Elisseeva, 135/CoolR, 137/Mette, 154/LouLou Photos, 171/vitek12, 181/Mooij, 185/Paine, 187/Distinctive Images, 189 M./LouLouPhotos; Siemens AG, München: 128; Sony Europa GmbH, Köln: 126; Topfoto, Kent: 6/Mulvehill/TIW, 8, 20/National News, 22/Fortean/Aarsleff, 28/Esbin-Anderson/TIW, 34, 36/Powell, 38/Doolittle/TIW, 40/Hager/TIW, 42/Syracuse Newspapers/TIW, 44/Piwko, 48/Sidney/TIW, 50/Journal Courier/Warmowski/TIW, 54/Ludak/TIW, 58/Sidney/TIW, 62/Maury/TIW, 66/Jaehnke, 70, 72/Sohm/TIW, 74/Photri, 76, 80/Campbell, 84/Cayton/TIW, 86/Grossman/TIW, 92/Roberts, 110/US Navy/Gay, 124/Tanner/TIW, 130, 132/West, 136, 138/Greenberg, 159/TIW, 166/Ann Ronan Picture Library/HIP, 168/Werner Forman, 172/Woodmansterne, 174/Werner Forman Arvchive, 179, 180/Wimsett, 182, 184/Syracuse Newspapers/THW, 186/Dean/THW, 188 l./Syracuse Newspapers/THW, 189 l./Greenberg/THW, 190 l./Sidney, 191 l./Jaehnke; TopicMedia Service, Ottobrunn: 14/Bruckner, 52/Heiner; wissenmedia GmbH, Gütersloh: 26, 94, 96, 112, 158, 176.